藏 族 情 歌

ZANGZU QINGGE 角·华青加 编译

གོ་ཆེ་ལ་གཤས།

青海人民出版社

图书在版编目（ＣＩＰ）数据

藏族情歌 / 角·华青加编译 . —— 西宁 : 青海人民
出版社 , 2017.12
ISBN 978-7-225-05503-9

Ⅰ.①藏… Ⅱ.①角… Ⅲ.①藏族—情歌 (文学) —作
品集—中国 Ⅳ.① I276.291.4

中国版本图书馆 CIP 数据核字 (2018) 第 000024 号

藏族情歌

角·华青加　编译

出　版　人　樊原成
出版发行　青海人民出版社有限责任公司
　　　　　　西宁市城西区五四西路 71 号　邮政编码：810023　电话：（0971）6143426（总编室）
发行热线　（0971）6143516 / 6137730
网　　　址　http://www.qhrmcbs.com
印　　　刷　陕西龙山海天艺术印务有限公司
经　　　销　新华书店
开　　　本　787 mm × 1092 mm　1/32
印　　　张　10.5
字　　　数　60 千
版　　　次　2018 年 5 月第 1 版　2018 年 5 月第 1 次印刷
书　　　号　ISBN 978-7-225-05503-9
定　　　价　39.80 元

拉伊：永远的天籁

赵得录

2006 年，经国务院批准，藏族拉伊被列入国家级非物质文化遗产名录，确定了这一独特民族民间艺术形式的文化价值。

安多藏族拉伊，在全国藏区影响较大。它是藏族青年男女相互表达爱情的古老民歌，在以青海藏区为中心的安多地区久负盛名，流传甚广。随着人民群众生活水平的不断提高，拉伊已然成为百姓生活中不可或缺的精神食粮。最近十余年间各省、州、县群众文化管理机构接二连三地举办拉伊演唱比赛，使许多优秀青年男女歌手如雨后春笋般脱颖而出，大大丰富了人民群众的精神文化生活，对当地经济建设等各项事业的发展助了一臂之力。

拉伊为何物？简而言之，拉伊即山歌（情歌），是藏语对情歌的称谓。安多藏族民歌主要由"勒"（酒曲）和"拉伊"（情歌）这两大块共同构成。此次华青加同志翻译成汉文的这300首安多藏族拉伊，主要是从青海民族出版社于1981年6月正式出版发行的《藏族拉伊·牵引青年之钩》（藏文版）一书中挑选出来的。

作为藏族民歌的一种特殊艺术形式，拉伊有其独特的文化内涵，从藏语的字面理解，"拉"即山之意，泛指野外；"伊"即歌曲之意，顾名思义就是山歌或情歌的意思。无论农村还是牧区，很多地方在一些特殊场合中，长辈与晚辈之间交谈时尽量避免直接说出"拉伊"这个词汇的，而是用"大歌"来代替拉伊一词。"大歌"是相对于藏族的酒曲"勒"而言的。由于藏人特别讲究同族辈分高低与亲戚之间的言语忌讳，通常情况下在某个公共场所演唱拉伊时，异性亲人之间是尽量相互回避的。比如一个男的远远看到自己的姐姐妹妹或其他什么异性亲人在那里听拉伊时，他就不会走近那个场合，而是会远远离去的。为了避免交谈时造成尴尬，就以"大歌"来替代拉伊一词。安多藏人通常把酒曲称作"勒"，由此产生"勒甘"一词，"勒甘"

即"大歌"之意。"大歌"本身虽无拉伊的含义，但在特殊场合，听者自然明白对方口中的"大歌"指的就是拉伊。

众所周知，藏民族作为中华民族大家庭中一员，是一个具有悠久历史和文化传统的民族。自古以来生活在青藏高原，以彪悍、粗犷、热情、奔放的民族个性孕育并传承了具有藏人文化特性的高原文明，为中华民族文化宝库增添了不少光彩。藏族是一个能歌善舞的民族，有本民族的语言和文字，藏语属汉藏语系藏缅语族藏语支。按中国语言学界的习惯划分法，中国境内的藏语主要方言可分为卫藏方言、康巴方言和安多方言三大方言。安多方言区包括除青海省玉树藏族自治州之外的青海全境藏族聚居地区，四川省的阿坝藏族羌族自治州，甘肃省的甘南藏族自治州和天祝藏族自治县的这一大片地区。这是根据地理差异和文化背景的异同自然形成的。人们习惯上称卫藏为宗教和艺术的圣地，康巴为歌舞的海洋，安多为民歌的摇篮。因此藏区在我国素有"歌舞的海洋"之美誉。民歌是藏区各地生活中普遍流传的一种音乐体裁，在漫长的岁月中藏族人民创造了数量庞大、异彩纷呈的民间歌谣，其中的拉伊堪称民歌中一颗璀璨的明珠。反映了藏族人民生活的方方面面，生产习俗、信仰习俗、审美观念等等在拉伊中都有不同程度的体现。拉伊在安多藏区广为流传，并且形成了各自不同的地域特色。在西藏和康区，流行着一种大体为六言三顿，四行一首的情歌，当地人谓之"杂鲁"或者"泽鲁"，均是情歌之意，这种优秀的民间文化，早就出了一个伟大的浪漫主义诗人——第六世达赖喇嘛仓央嘉措。这位伟大诗人蘸泪写就的那些凄婉清丽的诗歌（道歌），基本采用了这种民间情歌的格式。而在以青海为主的广大安多藏族地区，被藏人称作拉伊的情歌更是在农村牧区，几乎达到了家喻户晓，人人会唱的地步。安多拉伊完整地保留了藏族原生态拉伊的风格，具有藏族情歌原始质朴的特点，与其他地区的情歌相比较，其唱词多采用比兴手法，歌词以通俗易懂的七言体为主，比喻形象贴切，曲调委婉悠长，旋律变化多端，充分体现了安多藏族人民热爱生活，追求崇高爱情，向往幸福生活的美好心愿。

安多地区的藏族拉伊，不分性别年龄，在普通人群中广为流传，在民间具有深厚的文化历史底蕴。拉伊演唱（含有形体配合演绎的成分）有约定俗成的程序，按当地的风俗习惯，唱拉伊时观众必须回避自己的异性长辈和其他有近亲血缘关系的异性亲人，否则将被视为极端失礼的不文明行为。此外，在演唱拉伊的过程中，一方（一般为男性）

在众目睽睽之下对异性对家如有动手动脚的不雅举动，一般都会遭到在场观众的提醒或阻止。若提醒或阻止无效，引起观众反感则大多会陆续四散离去，以示抗议，最终听者寥寥，不欢而散。

安多拉伊是我国民间文学宝库中一朵色彩艳丽的奇葩，具有深刻的思想性和较高的艺术性。纵观其发展历程，可以映射出安多藏族社会历史、时代生活、风土人情以及文化艺术演变的大致脉络。早在藏文出现之前，拉伊作为口头文学的民歌形式，已经在群众中广为流传，藏文的产生和被吐蕃官方正式通用，不仅进一步推动了安多藏区社会文明的发展进程，拉伊也因此被文人充分采用而得到丰富和发展。从已经发现的藏文文献中看，古代藏族人民的语言交流，常用民歌（拉伊的雏形）作为最基本的表达方式。

安多方言是吐蕃文字改革前保留较为完整的民族语言载体，尤其在安多民歌（拉伊）中留存着许多古文化信息，承载着古代安多藏人的发展历程，是展现安多藏族精神风貌的一种传统文化艺术表现形式。在人类文化学、民族学、民俗学等研究方面具有重要学术价值。安多藏族拉伊为唱、词、舞"三位一体"的综合性艺术品种，从音乐、文学、形体相配合的三个层面看，如今拉伊的演唱均达到了日趋成熟的高度。拉伊各种曲目的储藏量相当可观，有较高的艺术价值。安多拉伊的"三位一体"的特性，正是自古以来华夏文明和高原文化相互交融的集中体现，其影响广泛，具有较强的凝聚力和激发力，显示出鲜明的区域特色和独到的艺术风格，并以其丰富的表现形式，体现出独特而厚重的文化价值。

流传于广大安多方言区的藏族拉伊，与其他地方的情歌相比较，在歌词、曲调、句式和形式上更为自由活泼，其语言之朴实，比喻之形象，有其与众不同的艺术魅力，形成了鲜明的地域文化特色。从形式而言大多为两段体，第一段通过一些相似、相近的事物做比喻，借以开头和起兴，第二段则为本意。一般行数不等，较少的只有六行，有上、中、下三段六行构成，也有上、下两端六行的；而有些则可能会长一些，有两段十行或三段十行以上的。这主要取决于该首拉伊所要表达的内容，该短则短，该长则长，无固定要求。绝大多数拉伊每首普遍为六、八、十行。一般每行字数为七言、八言者较多，而近些年的演唱中每行九言的拉伊也较为流行。少数为杂言。有人统计安多拉伊的唱腔曲调约有 40 种，来自不同地方的歌手，一般在演唱时必定首先采用他本人最拿手的一种或几种唱腔曲调来演唱，而不会冒险采用自己虽然很喜欢，却尚不能熟练自如驾驭的唱腔曲调。因为一旦唱砸破音走调，就会成为人们茶余饭后的笑柄。

安多拉伊种类丰富，数量浩繁，内容涉及男女爱情生活的各个方面。拉伊的曲调因地域不同而形成多种风格，有的曲调注重音乐的语言性，节奏比较紧凑；有的旋律深沉、舒缓，形成自由、婉转的悠长型山歌风格；有的旋律甜美、节奏规整，形成雅致、端庄的格调；有的曲调委婉抒情，节奏舒畅自如，在旋律上虽无大起大落的起伏变化，但经歌手充满激情的演绎，同样能够引发对方及观众的共鸣。而一些拉伊则没有固定的歌词，是歌手触景生情，随兴编唱，巧妙地运用比喻等文学修辞手法，形象而生动地向对方和观众表达歌手的思想感情，因此具有较高的文学欣赏价值和学术研究价值。

本土著名作家和翻译家龙仁青先生在他的《藏歌：甘甜醇厚的美酒》这篇散文中，极其生动地描述了藏族民歌所具有的那种只可意会难以言传的魅力。他深情地写道："藏歌是嘹亮的。比如酒歌和拉伊，总是从低沉中开始，慢慢攀升到一个尖利而又响亮的高音，在高音部位保持相当的长度，那几乎是一个停滞或者凝固，接着是起伏不止的花腔或颤音，复而又回到了深深的低沉。这种特别的旋律几乎就是对高原形体的一种描摹。听着藏歌，苍茫的高原便在眼前辽远而又逶迤地伸展开来，并且幻化出雪山、海子，以及飘荡着炊烟的牛毛帐篷，周围闲散的牛羊……聆听中的风景是那样的静谧而又震颤心灵。"作家继续写道："藏歌是欢快的。从地理、气候环境来说，藏族居住在世界上最为严酷的地方，生活在空气最稀薄、气候最寒冷的高大陆上，艰苦的生活环境反而使他们养成了藐视困难的习惯。在藏民族的歌声中根本听不到哪怕是一丝悲鸣，那种健康向上，充满信心的情愫激荡在他们的歌喉，快节奏的舞步和热烈的篝火总是伴随着他们的歌声。"的确如此，作家的如椽巨笔一下就说明白了藏歌摄人心魄的无限魅力。拉伊，它就是藏族青年男女心中永远的天籁。

《藏族情歌》和《藏族酒曲》这一对姊妹版的藏译汉书籍，是我的同事兼好友华青加受青海人民出版社编辑王伟先生之托，历时一百天翻译成汉文的。就在几天前，他打电话给我，希望我给他的这对姊妹版的译作写篇序言，我欣然答应了。并不是因为我对安多藏族民间歌谣——"勒"和"拉伊"有多深的研究，而是出自对译者本人的深度信任和了解。华青加同志20世纪50年代出生在素有"高原上的江南"

之美誉的青海省贵德县黄河岸边的农村，自幼在农村深受藏族传统文化艺术的熏陶，对安多藏族民间歌谣——"勒"和"拉伊"有一定的了解。在他年轻的时候，在闲暇之余也喜欢唱几首藏族的"勒"和"拉伊"，也是一个不错的歌手。他自20世纪70年代末从北京调到青海日报社以后，除了离岗进修深造几年外，长期在报社藏文编辑部从事翻译、校对、编辑、驻州记者站记者等工作。华青同志在他所深爱的新闻战线辛勤耕耘二十余载，积累了宝贵的藏汉互译经验，逐步成长为汉藏兼通、能够独当一面的业务能手。从1987年起先后被任命为藏文编辑部编译科副科长、政法部主任、藏文编辑部主任助理、藏文编辑部副主任等行政职务。1999年1月，经青海省新闻系列高级专业技术职务评审委员会评审通过，并经青海省劳动人事厅批准，获得主任编辑任职资格。华青加同志在工作上始终勇挑重担，精益求精，严于律己，团结同志。他为人低调，谦虚好学，是名副其实的"老黄牛"式人物。基于他的突出业绩，1998年年底被评为1997——1998年度"全省优秀宣传工作者"；先后7次被评为青海日报社先进工作者、优秀共产党员。

正当华青加同志撸起袖子再加一把劲时，无情的病魔悄悄袭来，击碎了他的所有梦想。他含泪提前离开了他所深深热爱的新闻战线。好在天无绝人之路，借助于中、西、藏医学的神功，结合坚持不懈的科学调养，终使病魔退避三舍。当身体逐步重新恢复到正常状态后，他不甘心过早成为社会的行尸走肉般的累赘。他又重新坐在电脑前不知疲倦地工作起来。华青加对我说："人的生命是有限的，而有限的生命则是十分宝贵的，为了活得更有意义，我会顽强抗争，自强不息，决不轻言放弃！"是的，这就是我所熟识的华青加。

隔行如隔山。说了这许多，也许有些话说得可能不合时宜，还望行家多多指教。

作为一名老新闻工作者，我衷心希望华青加同志的这部安多藏族民歌译作在藏文化建设方面发挥出应有的作用。

意犹未尽，聊以为序。

2017 年 6 月 16 日

赵得录，享受国务院特殊津贴专家，退休前曾任青海日报社党组书记、社长、总编辑和省记协主席。

目录
CONTENTS

贰 我登上三山之顶

叁　甘甜的泉水在深山

壹

普照大地的太阳 ·········

一朝和你相恋

即便是天界的仙女

下凡到咱的人间

也不忘咱俩的爱情

在吉祥的白石崖上

在吉祥的白石崖上
我是只如意的狐狸
毛色虽不是很美
可狐毛异常浓密

在吉祥的人群当中
我是个如意的青年
外表虽不是很帅
可话语悦耳动听

普照大地的太阳

普照大地的太阳

当从东山升起时

驱散了四洲的黑暗

大地还在夜色中时

我多么盼望你升起

当光芒洒遍山河时

即便升起皎洁明月

也不忘太阳的温暖

年轻美丽的姑娘

身段如六节青竹

贝齿如皎月之光

我渴望着和你相识

一朝和你相恋

即便是天界的仙女

下凡到尘世间

也不忘咱俩的爱情

巍峨的阿尼玛卿

巍峨的阿尼玛卿

雪浪如翻卷的云海

那里是狮鬃生发的地方

所以说那是个圣地

奔腾的九曲黄河

恰如蟠龙落到地上

那里是金鱼练翅之地

所以说那是条祥河

大村落三岔翠绿地

小村庄如点点繁星

那里是格萨尔的故乡

所以说那是个名寨

金翅鸟缓缓飞临

金翅鸟缓缓飞临

玛积雪山的虹宫

在最高的山顶上盘旋

在最美的山岩上飞落

要给白鸟展示技艺

歌手我姗姗来到

乡间热闹的会场

在最美的村里转悠

从最动听的拉伊唱起

要给众人展示才艺

逶迤的黄河之水

水是逶迤的黄河

不论高低起伏

越过扎陵、鄂陵湖

愿和小溪的浪花一起

奔向大海作供奉

词是尊者的道歌

撩开嗓音的帘子

要不分昼夜高唱

想把这优美的曲调

献给同龄人欣赏

六月的酷暑到了

六月的酷暑到了

降雨的时节到了

请青龙准备动身

向老天我去告假

六月的歌会到了

唱歌的时节到了

请歌手准备动身

向村庄我去告假

骑上苍龙看世界

唱拉伊就唱首拉伊

拉伊唱出心底意愿

若要说出我的心愿

我想骑上一条苍龙

被一团黑云簇拥着

围绕阳世间转三遍

唱拉伊就唱首拉伊

拉伊唱出心底意愿

若要说出我的心愿

我想找仙女当伴侣

被多个同龄簇拥着

大村小寨都走三遭

乌云在天空翻滚

乌云在天空翻滚

雷声震天动地

还有那霹雳和闪电

老天爷想要下雨了

众人向会场聚拢

歌声此起彼伏

人们在互相说笑着

歌手就要唱拉伊了

山头一侧的垭豁口

山头一侧的垭豁口

有一群鸟儿在飞翔

我的神鸟不在其中

我的神鸟若在鸟群

翼尖嵌着绿松石

翼根嵌着白海螺

从哪里看都显眼

因此说它与众不同

上部美丽的村寨里

有一群美女在说笑

我的爱侣不在其中

我的爱侣若在其中

性情温柔如丝巾

口中皓齿似珍珠

从何处看都显眼

因此说她与众不同

野牦牛向山中行进

野牦牛向山中行进
走进了斑驳的石山
滚滚磊石翻腾而下
分开了野牦牛母子

歌手们向会场走来
融入了万千人海里
歌不分美丑唱起来
分开了同行的母子

爱侣是一杆风马旗

地形优美的垭豁口

爱侣是一杆风马旗

情敌是一阵黑旋风

冷风妄想吹断绫带

四股的绫带吹不断

一望无际的草地上

爱侣是一枝格桑花

情敌是六月的酷暑

酷热妄想晒死鲜花

新开的鲜花晒不死

请高天留出通道

请高天留出通道

请白云列队迎候

青龙低吟要驾临

将赐授甘霖的妙果

请村寨打开通道

请同龄列队迎候

歌手微笑着走来

将赐授拉伊的妙果

你是赛钦花吗

你是赛钦花吗

你若真是赛钦花

请不要泛黄枯死

我这只三夏的蜜蜂

虽不能每天来看望

但保证每月来一次

你是贤父之女吗

你若真是贤父之女

请真情专一等待

我这个痴心男儿

虽不能每天来看望

但保证每月来一次

散发芳香的檀香树

散发芳香的檀香树

不论在哪里都显眼

树上的果实是 "七世丸"

檀香树啊

我种下后你能生长吗

情意绵长的心上人

不论在哪里都显眼

你的拉伊如尊师道歌

心上人啊

我唱了你愿意对答吗

外敌大兵入境时

外敌大兵入境时
我不是一个善射者
如果硬让我当射手
那就请禀告部长官
用野牛角来制作强弓
箭头上要配利镞
弯弓搭箭我来射

众人聚在歌会时
我不是一个能唱者
如果非得要让我唱
须请示歌会的主持
亮开你动人的歌喉
像道歌般的拉伊
不分昼夜我来唱

白石崖草山顶上

白石崖草山顶上

善跑的白唇野驴

颈鬃闪闪到这边来

五彩的咒结我给你戴

神祇的情面我给你求

万人汇聚的歌会上

巧嘴的年轻朋友

面带笑容到这边来

经典的拉伊我给你唱

同龄的情面我给你求

你是绕游湖头的鸿雁

你是绕游湖头的鸿雁

我是巡游湖尾的野鸭

若有缘就在一湖之中

若是无缘则两不相干

你是村外转悠的小伙

我是村里徘徊的姑娘

若有缘就在一村之内

若是无缘则两不相干

难料套住哪匹马

我要向马群中间

抛掷三岔马蹄绊

难料套住哪匹马

若是碰上你了

请别丢掉马蹄绊

我要向人群中间

随意吟一首拉伊

难料碰着哪位

若是碰上你了

请不要忘记对唱拉伊

你若是乌金的宝瓶

你是乌金的宝瓶吗

你若是乌金的宝瓶

龙纹缎的瓶套我来缝

若是瓶内方便注水

美丽的孔雀翎我来插

你是贤父的女儿吗

你若是贤父的女儿

衣领间我先来开腔

若是方便和你交往

寻偏僻地方我来看你

斑纹美丽的猛虎

斑纹美丽的猛虎啊

原始森林茂密繁盛

没想到你能这样到来

你能这样来我开心

犄角圆润的野牛啊

山岭遥远路途艰险

没想到你能这样到来

你能这样来我高兴

善唱的年轻朋友啊

乡间原野广袤无垠

没想到你能这样到来

你能这样来我喜欢

你的话是否可信

你的话是否可信

要是你的话可信

我的四方田是青稞

我不靠青稞靠你

你的话是否可靠

假如你的话可靠

我的厚恩父母是神仙

我不信神仙信你

既然投生为雄鹰

既然投生为雄鹰

就要绕飞陡峭的红岩

很难一再转生为雄鹰

即便转生为雄鹰

也难在同一个鸟群

既然投生在人间

就要在世上留个名声

很难一再转生为人类

即便转生为人类

也难在同一个村中

天空中央你坐着

天空中央你坐着

无云彩处我等你

让太阳给你捎句话

可别让乌云听见

听见了不但嫉妒你

我也会遭受流言之害

乡间野外你坐着

小村边上我等你

让朋友给你捎句话

可别让恶人听见

听见了不但嫉妒你

我也会遭受流言之害

太阳从巢中升起时

太阳从巢中升起时

白云前往迎接

黑云是后面的探子

不管探子怎样捣乱

太阳的温暖依旧

我从村口出发时

流言前来迎接

情敌是后面的探子

不管探子如何骚扰

咱俩的情意不变

卫藏的辩经场上

卫藏的辩经场上
我这个大殿领诵师
虽然没有什么智见
可诵经时由我先举腔

乡间的情歌会上
我这个贤父的儿子
虽缺乏似火的激情
可歌会上由我先亮嗓

唱蓝天的宽广无边

把开头歌唱给蓝天

唱蓝天的宽广无边

唱青龙的吟吼动听

唱天降细雨的惬意

把中间歌唱给山野

唱山野的雄浑壮美

唱野牛角长得优美

唱野花遍地的快乐

把末尾歌唱给乡间

唱乡间的真挚淳朴

唱同龄的潇洒无羁

唱生死相依的欣慰

滔滔黄河向东流

滔滔黄河向东流

鹅卵石留下不走

黄河水流向远方

祝福鹅卵石安康

青年我将要远行

姑娘你留下别走

游子我路途遥远

祝福姑娘你安康

以八辐轮状的天空作帐幕

唱拉伊咱先唱引歌

我把引歌唱给蓝天

以八辐轮①状的天空作帐幕

将八瓣莲形的大地当毡子

把日月请来做嘉宾

万千繁星今日尽情乐

唱拉伊咱先唱引歌

我把引歌唱给草原

用黑色牛毛编织帐幕

借卫藏②的花毯氇当毡子

把众人请来做嘉宾

朋友们今天尽情玩

①八福轮：在藏传佛教中，八福轮是天的象征，寓意吉祥幸福。
②卫藏：前藏和后藏，旧时称西藏为卫藏。

引歌唱给雪山

唱拉伊咱先唱引歌

把引歌唱给雪山

把洁白的哈达

献给雪山后咱来唱

唱拉伊咱先唱引歌

把引歌唱给乡间

把拉伊当作帐篷

下好后咱来欢唱

唱首蓝天般的拉伊

唱拉伊咱就唱拉伊

唱首蓝天般的拉伊

回首青龙般的答复

要和你结下甘雨的缘

唱拉伊咱就唱拉伊

唱首乡愁般的拉伊

回首山泉般的答复

要和你结下知心的缘

把拉伊唱给对手时

唱拉伊咱就唱拉伊

把拉伊唱给对手时

要像旭日东升一样

给搭档回复拉伊时

要像夕阳下沉一样

不这样唱就没意义

唱拉伊咱就唱拉伊

把拉伊唱给搭档时

要像父母教诲一样

给搭档回复拉伊时

像给父母报恩一样

不这样唱就没意义

天空是铁打的牢狱

天空是铁打的牢狱

青龙是狱中的囚徒

乌云是冰冷的铁锁

要用智慧的钥匙开锁

施妙计设法和青龙相见

村落是铁打的牢狱

美人是狱中的囚徒

父母是牢门的锁子

要用智慧的钥匙开锁

施妙计设法和美人相见

天空是云霞的宝库

天空是云霞的宝库

也是雨水的源头

布谷鸟独自难飞越

虽然艰难

我却执意要单飞

乡村是广袤的原野

也是流言的源头

单独和姑娘难幽会

虽然很难

我却执意要见你

在天上的云层中

在天上的云层中

光芒万丈的太阳

当你沉落西山的时候

请回头看看后山

山不变还是那座山

野花比原先更艳丽

乡村的情歌会上

心爱的年轻姑娘

当你远嫁他乡的时候

请回头再看看我

我没变还是那个人

情意比原先更深厚

我不是一匹善跑的马

我不是一匹善跑的马

若前头被铁嚼子紧勒

身后又被细鞭狂抽

咋好意思再说不会跑

我不是一个善唱的人

若是被对方指名点姓

又一再用良言鼓励

咋好意思再说不会唱

望见的那座白石山

抬头向上眺望

望见的那座白石山

永远被积雪覆盖着

如今冰消雪融

心中却怅然若失

俯首向下远望

望见的那个村寨里

总是在举办歌会

如今歌手离去

心中却满是惆怅

东沟六山森林里

想起东沟的森林里

啼声悦耳的布谷鸟

不知道何时鸣叫

心中的惆怅无法消散

想起静美的村庄里

含情脉脉的意中人

不知道何时能来

心中的惆怅无法消散

高山是轮王七宝①

高山是轮王七宝

牝鹿好比是七珍②

鹿茸值钱总诱发愁绪

难逃一死

是前世注定的命运

乡村是轮王七宝

姑娘好比是七珍

情投意合总诱发愁绪

无法相会

是前世注定的命运

①轮王七宝：金轮宝、神珠宝、玉女宝、主藏臣宝、白象宝、绀马宝和将军宝。
②七珍：旧时被藏族人视为稀世珍宝的七种器物：国王耳饰、皇后耳饰、犀牛角、珊瑚树、象牙、大臣耳饰和三眼宝石。

布谷鸟在印度忧伤

布谷鸟在印度忧伤

画眉鸟在林中思念

两地思念毕竟无意义

把心愿往一处密林想

一心一意祈求

心愿总能实现

小伙我在乡间忧伤

姑娘在双亲处思念

两处忧愁毕竟无意义

把心愿往一座紫帐想

一心一意祈求

心愿总能实现

高山的金刚座垫上

高山的金刚座垫上

野牦牛是如意珍宝

吃一口青草是福报

云雾笼罩引发相思情

天降大雨思情更急切

乡间的八瓣莲花上

意中人是八吉祥徽

悠悠然说笑是福报

知心话儿引发相思情

高歌一曲思情更急切

蓝天是八吉祥徽

蓝天是八吉祥徽

青龙是吉祥如意

如意的青龙来到了

还说不下雨就没意思

乡间是八吉祥徽

朋友是吉祥如意

如意的朋友来到了

还说唱不了就没意思

吉祥的天空中

吉祥的天空中

有我这条如意的龙

吟吼声虽然一般

却是能持续降雨的龙

吉祥的乡村里

有我这如意的青年

虽然相貌平平

却是个有始有终的人

蓝天的外列高又高

蓝天的外列高又高

青龙的内列是紫色

雨水是称心如意的歌

既如意就要决定下雨

乡村的外列高又高

朋友的内列是紫色

拉伊是称心如意的歌

既如意就要决定开口

八辐轮状的蓝天之下

八辐轮状的蓝天之下

八瓣莲形的大地之上

南瞻部洲①金色的太阳

把温暖洒遍了瞻部洲

那是玛积雪山的庄严

是我白雪狮的渴望

紫黑的牛毛帐内

四方的白毡中央

乡间的年轻歌者

唱百友争唱的拉伊

那是同龄人的骄傲

是我自由女人的渴望

①南瞻部洲：佛家宇宙学所说环绕须弥山外的四大洲中的
南方大洲名，全名南瞻部洲。

蓝天是八辐转轮

蓝天是八辐转轮

不用转轮子会自转

大地是八瓣莲花

不用栽花瓣自成

中间是不变的八瑞相

不用画吉祥天成

恋人是八辐转轮

不用转轮子会自转

恩爱是八瓣莲花

不用栽花瓣自成

拉伊是不变的八瑞相

不用唱吉祥天成

河那边的江拉村中

河那边的江拉村中

白骏马已准备启程

觉如①你佩带上宝剑

不管你走到哪儿

骏马我快如疾风

河东的六山寨中

珠姆我已准备动身

格萨尔王请做指示

不论你有何圣谕

定按照圣谕执行

①觉如：格萨尔王童年时代的名字。

最高的云层顶上

蔚蓝的天空中央

最高的云层顶上

小龙吟吼了三年

雨也下了三个月

现在小龙就要离去

祝福您贵体安康

乡村的情歌会上

同龄伙伴们中间

和恋人相伴了三年

快乐度过了三个月

现在青年就要离去

祝福您贵体安康

身着缎衣的白岩雕

身着缎衣的白岩雕啊

假如你觉得

在空中飞得还不够高

那将来只会越飞越高

落处的岩石会更稳固

可爱的意中人啊

假若你觉得

今天玩得还不够开心

那咱的恩爱只会更深

人们的闲话只会更少

有一对白雕和黑雕

有一对白雕和黑雕

说好要比翼飞向天

由于冷风的挑唆

致使二鸟分离

可是，只要你心中有我

我会时时提起你

有一对相爱的男女

说好要一生相爱

由于恶人的挑唆

致使二人分离

可是，只要你心中有我

我会常常想起你

我是高原的枣骝马

我是高原的枣骝马

你是川里的青牝马

你我原本不相识

一条道上并肩没跑过

今日既然在草地相遇了

何不并行跑一程

你是大村落的姑娘

我是小寨子的小伙

原本互相不认识

从没在一起说笑过

今日既然在乡间相识了

何不安心玩一回

贰

我登上三山之顶 . . . .

我走进乡间村庄

看到了心爱的姑娘

虽无缘和你在一起

却还想多看你一眼

玛积雪山的右方

玛积雪山的右方

黄河在缓缓流淌

闲暇时要喝上一口

难料饥渴何时袭来

乡间歌会的右方

小姑娘言辞多悦耳

闲暇时要说上三句

谁知魔障何时袭来

上部翠谷的马场里

上部翠谷的马场里

马儿在成双成对地跑

只因无伴我在闲坐

青色的牝马啊

你做我的伴儿好吗

乡村的情歌会上

人们在成双成对地说笑

只因无伴我在闲坐

亲爱的姑娘啊

请你做我的伴侣好吗

学识渊博的上师

卫藏的辩经场上

学识渊博的上师

把佛典珍藏在经库里

请把经库之门打开

念经的小僧我到了

乡间的情歌会上

满腹拉伊的高手

把拉伊珍藏在歌库里

请把歌库之门打开

善唱的小妹我到了

步行的我要买一匹马

步行的我要买一匹马

仅仅是个马还不行

从正面看头耳要俊美

从后面看腰身要结实

单身的我要找个恋人

仅仅有个恋人还不行

说话时语气要温柔

转过身身材要苗条

太阳从没看到过的

太阳从没看到过的

是黄河河底的石头

若河水翻滚不息

或许有可能看到

姑娘我从没听到过的

是青年你口中的情话

若话语你来我往

或许有可能生情

上方对面的山顶上

上方对面的山顶上
搭上了白绸的英雄带
并不是因为英勇而搭
不论有勇无勇都得搭

乡村的情歌会上
我给姑娘说了三句话
并不是因为有话才说
不论有话没话都得说

上部卫藏的金匠

上部卫藏的金匠

你建造神佛金殿时

金顶的图案要清晰

九层的楼宇要突兀

若不是这样难朝拜

乡间的英俊男子

你在找心仪的人时

说出的话要有意义

要信守所做的诺言

若不是这样难相处

红狐狸在赤岩台上

红狐狸在赤岩台上
长枪在自己的肩上
若有打狐狸的意愿
狐皮帽就能戴头上

美人在乡间村寨里
悦耳的话语在胸中
若有想牵手的意愿
意中人就能娶到家

河彼岸的尖扎滩上

河彼岸的尖扎滩上

因为想骑那匹枣骝马

早已置办了马鞍

可被嚼子勒住没跑成

若长寿定能跑一程

雍仲①一样的村落里

因为喜欢姑娘你

早已准备了三句话

可因顾忌誓言落空

若长寿定能来相会

①雍仲：象征坚固不催永恒常在的一个符号，亦称万字、德字。苯波教的雍仲符号与此相反，亦名此。

想砍伐直木的人们

想砍伐直木的人们

直木长在红岩顶上

"咔、咔"不响砍不了树

"咔、咔"响了就不该停手

想和美人好的人们

美人就在乡间歌会

不说上三句话没法好

三句话说后就不该放弃

毛色像水獭一样的马驹

毛色像水獭一样的马驹啊

你的四蹄如乌金四门

跑起来像河水涟漪

总祈愿能骑上你

若是心愿落空

倾慕自难禁

戴着珊瑚耳饰的姑娘啊

你的身材如六节青竹

悦耳言像布谷鸟鸣

总祈愿和你相爱

若是心愿落空

爱慕自难禁

厚恩上师讲过

厚恩上师讲过

不要动枪打鹿

此话当然没错

可是，枪是打鹿的工具

鹿茸又能卖个好价

所以，很难遵从上师言

最亲的父母讲过

不要随意交友

此话自然不假

可是，朋友是开心之宝

话语是连心的纽带

所以，很难听从父母言

印度的六棱布拉枪

印度的六棱布拉枪

枪上的花纹早见过

打得准不准还难说

咱慢慢用着慢慢试

乡间的贤父之子

一表人才早见过

是不是靠谱还难说

咱慢慢处着慢慢试

白云作美衣的高山

白云作美衣的高山啊

是我牝鹿的靠山

那白银作准星的长枪

是我忧虑的所在

戴珊瑚耳饰的姑娘啊

是男儿我的依恋

那斜跨腰刀的情敌

是我忧虑的所在

上山打鹿的时候

上山打鹿的时候

白雪的霓虹宫敞亮

冷风堵住了宫门

性命受到了威胁

纵然性命有危险

也不放弃八岔鹿角

路过乡村的时候

途遇美观的霓虹宫

恶人挡住了宫门

交友面临着危险

纵然交友遭威胁

也不放弃心爱的人

南瞻部洲的太阳

南瞻部洲的太阳
阴坡阳坡都能照到
十五晚上的月亮
能不能这样照亮

我是贤父的儿子
人不论美丑都能处
你这慈舅的外甥女
能不能这样相处

我在三山怀中时

我在三山怀中时

烈日当空照射

当阳光暖遍全身时

太阳却沉落西山

既然要如此沉落

当初就不该照耀

我心万分遗憾

当初我默不作声时

朋友你先唱了拉伊

当唱到情义渐浓时

你却闭口不愿唱了

既然不愿唱下去

当初何必唱给我

我心万分遗憾

我登上三山之顶

我登上三山之顶

看到了三沟的狐狸

虽无戴狐帽的机会

却还想多看你一眼

我走进乡间村庄

看到了心爱的姑娘

虽无缘和你在一起

却还想多看你一眼

你不要游向大河

敏捷的金鱼啊

不要游向大河

你若在小河中游弋

寒冬腊月不结冰

六月暑天也晒不死

温柔的恋人啊

不要相信嘴甜的人

你若和实心人交往

不会被巧言迷惑

也不会朝秦暮楚

高岗上山路弯弯

高岗上山路弯弯

野牦牛犄角真漂亮

犄角虽好心灵美不美

若心灵和犄角一样美

那就不进山一心等你来

乡村里小道弯弯

同龄朋友话语多顺耳

话语顺耳心灵美不美

若心灵和话语一样美

那就不进村一心等你来

心爱的骏马

心爱的骏马啊

鞍子是西宁宝鞍

驮的是金银财宝

若能骑上你这匹马

与众马相违也无悔

可爱的姑娘啊

后面看身材如青竹

转过来美貌如皎月

若是能和你在一起

与别人相违也无悔

假如有你这样一匹马

假如有你这样一匹马

三年中我不再买马

三个月里不再备鞍

假如有你这样的恋人

三年里我不找朋友

三个月里闭口禁言

西宁城里买鞍子

是不是真想赛马

若是真心想赛马

西宁城里买鞍子

湟源城中打嚼子

当万马奔腾的时候

能否扬尘就看你的了

是不是真想交友

若是真心想交友

袖筒里面递信物

以弥勒的名义起誓

当闲言四处传扬时

有无定力就看你的了

我这只青色杜鹃神鸟

我这只青色杜鹃神鸟

愿飞向一片大森林

在一片密林里停飞

在一棵百枝树上栖息

我这个发小贴心友

愿走向一个大村落

在一片美景处落脚

和一个心爱的人为伴

我虽是上部卫藏人

我虽是上部卫藏人

僧团管家却不是我

你若是诚心想磕头

门上的铁锁我给你开

我虽是乡村里的人

村里首领却不是我

你若想诚心唱拉伊

三句真心话我讲给你

你照射的路子正吗

北斗星啊

你照射的路子正吗

假如你照射的路子正

我就舍弃启明星

舍弃后一心跟随你

意中人啊

你走的路子正吗

假如你走的路子正

我就舍弃女朋友

舍弃后一心和你过

高天是绿色圆环

高天是绿色圆环

小龙是青翠树木

若要下雨正当时

来年的此时此刻

难料谁在谁不在

乡间是蓝色圆环

同龄是青翠树木

若要玩耍正当时

来年的此时此刻

难料谁在谁不在

布谷鸟是他乡来客

布谷鸟是他乡来客

画眉鸟长栖密林中

上下森林哪一片最美

愿在最美的林中飞落

在一棵直木上啼叫

小伙我是他乡来客

姑娘你长居于村中

上下村庄哪一个最好

愿在最好的村中落脚

和同心人相伴一生

绿湖是透明的水镜

绿湖是透明的水镜

金鱼是乌金的精灵

愿鸿雁心想事成

事成后天长地久

乡间是透明的水镜

心爱的人是金刚结

唱拉伊心想事成

事成后再唱拉伊

圣地拉萨的经轮

圣地拉萨的经轮啊

你是右转还是左转

我向右向左都一样

风向咋吹我就咋转

外村陌生的少年啊

你是同心还是异心

同心异心对我都一样

遇到谁我也玩得转

我是红岩上的红狐狸

我是红岩上的红狐狸

你是灰土里的灰狐狸

看毛色能不能搭配

若能搭配就决定缝制

我是小村的美男子

你是大村的靓妹子

看情趣志向投不投

若相投咱就决定交往

宝瓶似的小山

宝瓶似的小山

不要嫌它低矮

大鹏虽不能飞落

落个岩雕绰绰有余

花儿似的少女

不要嫌她年轻

虽不能做一世夫妻

做你的唱伴绰绰有余

美丽的垭豁上空

美丽的垭豁上空

鸟儿在翩翩飞舞

并不是随意飞舞

只因向往青海湖而飞翔

美丽的垭豁下方

美人在匆匆行走

并不是随意行走

只因想念心上人才行走

请在石头里面挑石头

请在石头里面挑石头

并不是提示挑选我

把石头反过来看看

便知美石并不是我

有图案的石头才是我

请在人群里面挑人

并不是提示挑选我

笑吟吟说上三句话

便知美女并不是我

实心的女人才是我

上方卫藏佛法圣地

上方卫藏佛法圣地

有开口能言的释尊

你是否真心想朝拜

你若不是真心

就别磕头浪费时间

更不要扬尘造孽

别把菩萨当玩具玩

六部落村是开心地

哥妹情投意合成双对

你是否真心跟我好

你若不是真心

就别费口舌扰人心

更不要赌咒造孽

别把朋友当玩具玩

你这支黄羊的犄角

你这支黄羊的犄角

也像羚羊角一样直吗

如果也像羚羊角一样直

当然可以弯成一张弓

你这位外村的妹妹

也像我一样直率吗

假如你也像我一样直率

当然可以成为一家人

我家的后山顶上

我家的后山顶上

能看到你村的前山

前山山脚下蓄积的

那一池碧绿湖水

好比就是我这个人

湖水只为心上人而蓄

我村的前山顶上

能看到你家的后山

你家后山上空飘着的

那一团白色云雾

好比就是我这个人

云雾只为心上人而飘

我的马是野骡之后

我的马是野骡之后

马儿漂亮如好饰件

马鞍舒适稳如宝座

还在途中没能骑上

铭记在心无法忘却

我青梅竹马的恋人

容颜美丽犹如白莲

开口像尊者唱道歌

还在家中没能相逢

铭记在心无法忘却

上方红岩上的柏树

上方红岩上的柏树

我早有砍伐的心愿

只因石阶太陡峭

柏树还遗留在红岩上

对此我心有不甘

乡间村中的朋友

我早有搭话的心愿

只因顾忌闲言碎语

还没能和你搭讪

对此我心有不甘

我这朵赛钦花

我这朵赛钦花

到处都曾开放过

只有一处没有开放过

那便是旱地和水地中间

对此我耿耿于怀

倘若风调雨顺

说不定也能开放

我是贤父之子

没有不跟我好的女子

只有一人还没有好过

那便是你这位美女

对此我念念不忘

倘若能暗送秋波

说不定也能相好

塞拉山的山顶上

塞拉山的山顶上

金顶子似的骏马

若给你备上金鞍

口中套上银辔头

是不是定能飞奔

酥油汁般的乡间

天仙一样的朋友

若说上三句知心话

再加上不变的誓言

是不是定能相处

产自湟源的火镰

产自湟源的火镰

我以前未曾用过

倘若我以后使用

你要保证随时能打着

你这位贤父之女

我以前并不熟悉

我以后和你相恋

你要保证永远不变心

灵巧的金鱼

灵巧的金鱼啊

想游泳眼下正当时

过了这个季节

黄河河面会结冰

如是,便会遥遥无期

可爱的朋友啊

想交友眼下正当时

来年你若想找我

姑娘可能已嫁人

如是,便会遥遥无期

卫藏的银箱里面

卫藏的银箱里面

有一对白银耳坠

能不能分开来戴

如果可以分开戴

我把它戴上三年

是不是纯银我判断

乡间的情歌会上

有一对青年男女

能不能分开来玩

如果可以分开玩

我和她处上三年

是不是安分我判断

天空只响雷声外

天空只响雷声外

地上没下半点雨

若是云雾紧随其后

说不定能下场大雨

除了背负空名外

朋友并未吐心声

若同龄人闲话不多

说不定能相爱一场

为了得到黄金

为了得到黄金

把沙石挖来挖去

假如没挖到金子

挖沙石毫无意义

为了得到姑娘

伤透了父母之心

若不愿终生相伴

伤父母毫无意义

我的坐骑是枣骝马

我的坐骑是枣骝马

顶替者是赭色长鬃马

我相信是一匹快马

不论上下坡都会飞奔

我的玩伴是贤父之女

顶替者是慈舅的外甥女

我相信是一名高手

不分昼夜对歌不停

我手中的瓶子里面

我手中的瓶子里面

装有甘露般的美酒

虽然装有美酒

可从未让人尝过

要尝就让你来尝

但你要保证不给他人喝

我雪白的心房里面

你说过轮回的三句话

虽然说过三句话

可我从未告诉外人

要说就说给心上人

但你要保证不告诉他人

我手指上这枚戒指

我手指上这枚戒指

花五两银子打的

用一两金子镶的

我沿着村边游走时

我想把它送给你

假如没很快见到你

就把它留作纪念

小伙子的腰间

系着绫罗的腰带

从西宁城的店里

花一百块钱买的

我沿着村边游走时

我想把它送给你

假如没很快见到你

就把它留作纪念

我肩头扛着短枪

我肩头扛着短枪

走进深山老林时

看到了野牦牛

你若不是神祇的家畜

我料定一枪打中你

两枪就会放翻你

我带着满腹拉伊

游走在他乡村寨时

看到了知心同龄友

你若不是他人妻

我料定会一见钟情

相处后会永不分离

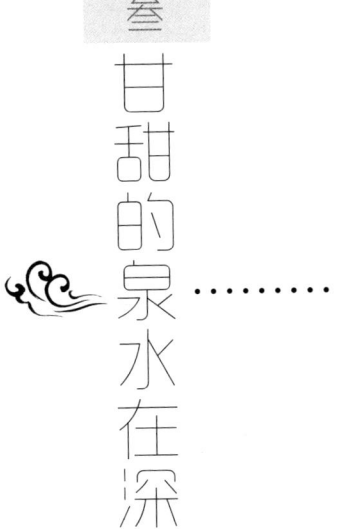

叁

甘甜的泉水在深山 ··········

心上的美人在乡间

说过的话儿在心间

没被闲言拆散之前

绝不给他人吐心声

北京烟瓶名声扬

北京烟瓶名声扬

西宁烟叶后劲大

今日两者巧相遇

吸烟之前请三思

一旦有了烟瘾

你就甭想戒掉

贤父之子重情意

贤淑女子有才华

今日两者喜相逢

动情之前请三思

一朝动了真情

你就甭想分手

远方飞来的布谷鸟

远方飞来的布谷鸟

非因无伴才飞到这里

也不是想到此炫耀伴侣

只是想看看这边的山岩

若是有平整的岩石

就想在此处飞落

我这个异乡的男儿

不是因为无伴才到这

也不是想到此炫耀自己

只是想看看会场的美女

若遇到心仪的妹妹

就想在这里落脚

在卫藏的经堂里

在卫藏的经堂里

不愿随处煨桑

要煨就煨给弥勒佛

当红扑扑的心成靶子时

弥勒佛能否护佑我

在乡间的歌会上

我不想胡乱交友

要交就交你这美少年

当离别厚恩的父母时

你能否给我个承诺

没有没下过雨的地方

没有没下过雨的地方

若说还有没下过的地方

那便是峭壁上的鸟巢

如果风这样刮来刮去

下到鸟巢里也难说

没有我不相识的女子

若说还有不相识的女子

那就是你这位妙龄女

如果情话说来说去

相爱一场也难说

你是白垭口的敖包

你是白垭口的敖包

白羊毛的箭毛我来系

一旦系上了箭毛

就要做我一生的战神

你是白银打的耳饰

松石珊瑚串我给你戴

一旦身上戴上了首饰

就要做我一生的伴侣

若想戴红狐皮帽子

若想戴红狐皮帽子

幼狐我虽小也无妨

毛色整齐就好

若想和妙龄女相好

我虽然年轻也无妨

情投意合就好

雍增梅朵的红茶

雍增梅朵的红茶

煮开后红似朱砂

口渴时喝一口真解渴

温柔多情的姑娘

相熟后情深义厚

今后便是我心肝宝贝

向上看到的深山里

向上看到的深山里

你是珍珠似的山泉

我早就想喝上一口

可是你如丝的水流

不知道要流向何方

向下看到的村庄里

你是天仙般的姑娘

我早就想和你谈情

可是你如蜂的魂灵

不知道在何人身上

短小精悍的《金刚经》

短小精悍的《金刚经》

我以前没有念诵过

倘或我以后念诵

要成为我一生的诵经

天仙似的妙龄女

我以前没和你说笑过

倘或我以后跟你说笑

就要和我白头偕老

我用皑皑雪山打比方

我用皑皑雪山打比方

用山上的云雾做比喻

即使积雪彻底融化

碧绿湖也已然干涸

我也不会忘记那黛绿

我用美丽乡村打比方

以同龄的朋友做比喻

即使言语冒犯失和

他乡异地再觅爱人

也不会忘记你的情义

我栽的小树下面

我栽的小树下面

生长了许多野花

要么把小树折断

要么把野花拔尽

我爱的情郎身边

有不少异心女子

要么和别人断交

要么和情郎分手

我翘首仰望天空

我翘首仰望天空

看见蟠龙就要离去

白云在为蟠龙送行

黑云在和蟠龙辞别

若有雨要下正当时

难料何时再见到蟠龙

我俯首向下望去

看见知音就要离去

父母在为知音送行

朋友在和知音辞别

若有话要说正当时

难料何时再见到知音

没想到天要下雨

没想到天要下雨

若知道天要下雨

可以带上件雨衣

如果自己没有

可从他人手中借来

没想到要唱拉伊

若想到要唱拉伊

可以准备上几首

如果自己不会

可从他人处学会

水头在赛尔龙湾上

水头在赛尔龙湾上

水尾在大海海底

汩汩流淌到前面

不随便乱喝一口

情哥你在异地他乡

姑娘我在本土本乡

和情哥相逢之前

不随便与人搭话

甘甜的泉水在深山

甘甜的泉水在深山

水尾在南无山谷中

水流没变清澈之前

绝不把水引向他方

心上的美人在乡间

说过的话儿在心间

没被闲言拆散之前

绝不给他人吐心声

翠绿色的湖泊

那翠绿色的是湖泊

穿湖而过的是鸿雁

远远望着的是鹦哥

鹦鹉鸟不会恐吓你吧

若遭恐吓情义会更深

那绿油油的是乡间

娴静温柔的是姑娘

远远窥视的是情敌

情敌他不会欺骗你吧

若遭欺骗情义会更深

你没有看见我的秋波

金子头的金鱼啊

你没有看见我的秋波

你没有听到我的呼唤

可心里总忘不掉金鱼

心爱的美少女啊

你没有看见我的秋波

你没有听到我的呼唤

可心里总忘不掉少女

看到你总想飞奔

白云一样的白马啊

看到你总想飞奔

可是路途关隘险要

片石尖利如刀

因此总难飞奔

天仙似的美人啊

看到你心花怒放

可是闲言碎语肆虐

恶徒蛮横无理

所以常常郁闷

漂亮的枣骝马

漂亮的枣骝马啊

马嚼子拿着顺手

每每看到总想骑

他乡还有其他马主吗

英俊帅气的人啊

你的话入耳入心

你的歌感天动地

他乡还有其他伴侣吗

虽然想骑你这匹马

虽然想骑你这匹马

可是你在马群当中

骑你总不太方便

虽然很想和你说话

可情敌就在你身边

交谈总不太方便

赛马的山岭脚下

赛马的山岭脚下

有一片心爱的草地

那嫩绿的草地啊

如今非但不能赛马

连瞅一眼也成了奢望

欢乐的情歌会上

有一位心爱的姑娘

那如花的姑娘啊

如今非但不能说笑

连见一面也成了奢望

我这匹青灰色马

我这匹青灰色马

毛色虽不太好看

可步子赛过旋风

我这个贤父之子

虽长得不如人意

可我最善解人意

成百的马群当中

成百的马群当中

愿我的青马安康

策马飞奔的途中

祝福你步履稳健

成百的朋友当中

愿我的心肝安康

走过乡间的途中

祝福你心想事成

用眼睛放牧马群

用眼睛放牧马群

用心来放牧枣骝马

若不用眼睛放牧马群

不方便放牧我的枣骝马

用眼睛看着众友

用心关注着意中人

若不用眼睛看着众友

不方便留意我的意中人

别提我思念骏马

别提我思念骏马
提起对骏马的思念
从马儿离去的那天起
四部件马鞍空荡荡
铁打的马嚼子冰凉

别提我思念情侣
提起对情侣的思念
从情侣离去的那天起
四方毡一半空荡荡
体内的脏腑都冰凉

提起我思念骏马

提起我思念骏马

起身没把嚼子戴给其他马

弯腰没把马鞍备给别的马

父母问我你这是咋啦

我说身子有点不舒服

不撒谎怎么办

怎好意思说我在思念马

提起我思念情侣

挺着腰没读圣贤书

躬着腰没写斗大的字

老师问我你这是咋啦

我说头疼有点不舒服

不撒谎怎么办

怎好意思说我在思念她

骏马的前世是野骡

骏马的前世是野骡

野骡的前世是青竹

青竹长到弯腰之前

背上有鞍是你的过

辔头经手是我的过

情侣的前世存情话

情话的前世留道歌

情话还没说完之前

另觅新欢是你的过

朝秦暮楚是我的过

一生的伴侣是你

可爱的骏马啊

你右侧的颈鬃上面

拴着条白羊毛的咒结

请别玷污咒结等着我

我一生的坐骑就是你

可爱的姑娘啊

你雪白的心房里面

我留着三句难忘的话

请记住三句话等着我

我一生的伴侣就是你

你正值青春好年华

可爱的骏马啊

骑上你吧

你是活佛的坐骑

不骑你吧

你正值青春好年华

更难舍你如风的步伐

可爱的姑娘啊

和你好吧

你是人家的人

不和你好吧

你是我幼年的伙伴

更难舍你如海的情义

你从前是我的坐骑

可爱的骏马啊

你从前是我的坐骑

可如今却不让我骑了

是金嚼子松了

还是银马鞍烂了

肯定有一个出了问题

可爱的朋友啊

你从前是我的伴侣

可如今不愿做我的伴侣

是你失望了

还是受了挑唆

肯定有一方面出了问题

马儿本是红色马头明王

马儿本是红色马头明王

鞍子即是乌金兰札字①

马嚼子是蓝色救度母

假如能骑上你这匹马

别的马再好也不愿骑

即使骑上了也跑不远

姑娘你本是十六罗汉

话语即是尊者的道歌

情义犹如绵绵白丝线

假如有缘能和你牵手

其他人再好也不动心

即便好上了也难相处

①兰札字：古印度犬城体梵文字母。

骏马在飞奔途中

骏马在飞奔途中

别牵挂青青草地

并不是抱怨你牵挂

牵挂会使你分心步子乱

步子乱了会遭鞭子抽

所以叫你不要牵挂

男儿我游走他乡时

姑娘你不要扯心我

并不是抱怨你扯心

扯心会使你分心干活慢

干活慢了会遭受打骂

所以叫你不要扯心

小龙一样的骏马

小龙一样的骏马啊

你的步伐可靠吗

假如你的步伐可靠

在跑马的宽阔草滩上

金嚼子我来给你戴

戴不上嚼子是我的过

跑不出名堂是你的过

鲜花一样的姑娘啊

你悦耳的话语可信吗

假如悦耳的话语可信

在交友的情歌会上

结缘的办法我来想

想不出法子是我的过

话不可信那是你的过

你这面白银的镜子

你这面白银的镜子

没擦拭前就这般明亮

擦拭后是否也这般明亮

如花的妙龄女子

没相处前就如此温柔

相处后是否也这般温柔

在皇家金銮殿前

可爱的布谷鸟啊

在皇家金銮殿前

你能否悠闲地鸣叫

若不能悠闲地鸣叫

我那川水地边的柳树上

悠闲地鸣叫也一样

可爱的心上人啊

在外村同龄人中

你有空开心地玩吗

你若无空开心地玩

和我这边的同龄人里

开心地玩乐也一样

笔直的树在旃檀林中

笔直的树在旃檀林中

砍不得，妖龙在旁边

把妖龙丢在一边

从树顶上砍伐

美少女在乡间村中

碰不得，恶男在身边

把恶男丢在一边

约到山中见面

甘都的果园里面

甘都的果园里面

各种果子真好看

酸甜的葡萄果子

我只有这次才尝过

乡间的情歌会上

俊男美女真不少

含情脉脉的姑娘

我直到今年才相识

卫藏的神殿里

卫藏的神殿里

没有我没拜过的佛

唯独释尊佛还没拜过

若能拜此番就要叩拜

拜不了我还要回来

乡间的人海中

没有我不相识的朋友

唯独不相识的只有你

若有缘这次就想交往

若无缘也要说三句话

阿拉拉的山冈上

阿拉拉的山冈上

虫子和蜜蜂在叫唤

叫唤之余在伤心

不必伤心听我言

四五月份就要到来

到了咱就要叫个够

阿拉拉的村寨里

青年男女在相爱

相爱之余在伤心

不必伤心听我言

二八的年华才开始

柔情蜜意要说个够

在蒙古牧场上

在蒙古牧场上

并不是没有良马

只是因为

想在下方的马群中

找一匹善跑的骏马

附近的村寨里

并不是没有姑娘

只是因为

想在远方的人海中

找一位心仪的姑娘

河彼岸铁链城堡里

河彼岸铁链城堡里

我砸断铁链过来了

你愿不愿割断毛绳

你若不愿割断毛绳

我砸断铁链无意义

河彼岸乡间村落里

我放下牵挂过来了

你愿不愿舍弃异心

你若不愿舍弃异心

我放下牵挂无意义

在蒙古的羊圈里

在蒙古的羊圈里

打算要给一只绵羊

戴上白羊毛的咒结

并打上红色的标记

一旦打上了标记

再不许丢弃白咒结

酥油般的村寨里

打算给重情的朋友

笑呵呵说上三句话

并要交换珊瑚的信物

一旦交换了信物

再不许和他人暧昧

金顶一样的布谷鸟

在绿瓦屋顶般的树上

请金顶一样的布谷鸟

安心地啼叫三声吧

路程虽远却忘不了

时间虽久也不找伴侣

酥油汁般的村寨里

如天仙一样的美人

请安心说上三句话吧

路程虽远却忘不了

时间虽久也不找新友

绿缎面的羔皮袍子

绿缎面的羔皮袍子啊

还没有搭在衣架上时

想穿上的愿望真急切

一旦把它穿在了身上

从此再不愿把它脱下

可爱的年轻朋友啊

没认识你还在村里时

想见见的愿望真急切

一旦和你相识相爱后

从此再不愿和你分手

生长着的松树

生长着的松树啊

挥舞断钢的斧子

抛来黑色的索套时

你能否保证不倒下

可爱的意中人啊

当闲话肆虐于村寨

被厚恩的父母阻拦时

你能否保证不动摇

蓝天宽广无边

蓝天宽广无边

黑云崖坎高悬

若能降下同样的雨

正合我麦穗的心愿

乡间广袤无边

姑娘温柔似水

若能有同样的情义

正合我青年的心愿

父母是缎衣的面子

父母是缎衣的面子

意中人是缎衣的里子

青年是白银的纽扣

缝到缎衣领上正好

父母是黄铜的宝瓶

意中人是瓶内的净水

青年是孔雀的翎毛

插入宝瓶口中正好

别降骤雨降缓雨

蓝天上的小龙啊

别降骤雨降缓雨

降缓雨才能持续

持续下的雨无晴期

乡间的俊少年啊

交友别急慢慢来

慢慢来才能持久

持久的人能永相伴

黄河对岸的白塔

黄河对岸的白塔

虽然见过却没拜过

能否叩拜还不好说

先俯身磕上三个头

你就当已经叩拜过

外村寨的英俊少年

虽然见过却不熟悉

能否喜欢还不好说

笑呵呵说上三句话

你就当已经喜欢过

马儿不多只有一匹

马儿不多只有一匹

这匹马好比天上的龙

青龙一样当然不打雷

可在百马中一目了然

伴侣不多只有一位

这一位好比度母佛像

度母一样当然不能拜

可在人群中一目了然

肆

你当雪白的纸张·········

你当缎袍的面子

我做缎袍的里子

意愿是细密的针法

谎言是中原的钢针

管他钢针戳到哪里

套针缝就的线不会断

只因心里可怜父母

大小鸟各有一百只

一百只大鸟飞走了

一百只小鸟没飞走

不是飞不了而是不愿飞

只因心中同情雌鸟

有无恋人的各有百人

一百个有恋人的走了

一百个没恋人的没走

不是走不了而是不愿走

只因心中可怜父母

没有我没拜过的地方

没有我没拜过地方

唯独碧螺山还没拜过

叩拜了能否洗刷罪障

要是洗刷不了我罪障

那上方神庙霓虹宫中

有我名扬三界的神佛

没有我不相识的姑娘

唯独西宁姑娘不相识

相识后是否永不变心

要是相处后三心二意

那下方乡间村寨里面

有我名扬藏域的美女

蓝天的霓虹宫中

蓝天的霓虹宫中

青龙在闭关修行

若甘霖前来问候

有无停修的自由

乡间的霓虹宫中

情哥在闭关修行

若姑娘前来问候

有无会面的自由

蓝色翼尖的白岩雕

蓝色翼尖的白岩雕啊

请把青海湖记在心中

不是说你忘了青海湖

而是提醒你

当你翱翔在蓝天时

看到相似的湖时

有可能忘记青海湖

戴珊瑚耳饰的姑娘啊

请把少年我记在心中

不是说你已忘记了我

而是提醒你

当你徜徉在歌会时

看到相似的人时

有可能忘记爱你的人

黄河边上的打鱼人

黄河边上的打鱼人啊

眼下正是打鱼的时节

时节过了打不了鱼

也不是说完全打不了

只是给打鱼人提个醒

黄河河面会结冰

鱼儿会游入河底

所以说打不了鱼

乡间村寨的朋友啊

现在正是交友的季节

季节过了不好交友

也不是说完全交不了

只是给朋友提个醒

流言蜚语虽不可怕

可它会使恋人分手

所以说不好交友

旃檀林中树木是神木

旃檀林中树木是神木

树上的果子美如珊瑚

想摘却不敢贸然伸手

不摘吧，却又觉得可惜

乡间村落如融酥油汁

村中的姑娘美若天仙

想和她好却不敢开口

放弃吧，却又觉得难舍

高处翠绿的牧场里

高处翠绿的牧场里

骑马飞奔的次数多了

可从未不戴嚼子跑过

在飞跃漫漫长路时

发愿在同一片草地相会

可三夏的鲜花凋谢了

寒冬腊月也快到了

我的心愿落空了

乡间的情歌会上

因唱拉伊结缘的多了

可没一个微笑着分手

对含情脉脉的美少女

发愿要组成一个家庭

可二十的年华已流逝

额上也出现了皱纹

我的心愿落空了

远方卫藏的神殿里

远方卫藏的神殿里

有慈悲的至尊度母

拜一次要消除罪孽

拜两次转化厄运

拜三次要得解脱

倘若这三愿无法实现

背后有讥笑我的神佛

附近的乡间村寨里

有我多情的意中人

处一次要情投意合

处两次要善始善终

处三次要结下良缘

倘若这三愿无法实现

背后有讥笑我的人们

姑娘你做笔直的箭杆

姑娘你做笔直的箭杆

青年我做岩雕的翎毛

谗言是三春的冷风

如果风不把箭杆吹折

翎毛我久经风吹日晒

姑娘你做细长的丝线

青年我做绵柔的金线

谗言是三夏的雨水

如果雨不把丝线泡断

金线我久经风吹雨泡

我绕山谷远行时

我绕山谷远行时

我的旅伴是赛钦花

叫花走花却不肯走

丢下又恋恋不舍

细思量怎么能舍得

因为那是四月的鲜花

我沿村寨远行时

我的旅伴是美少女

叫她走她却不肯走

放下又依依不舍

细思量怎么能舍得

因为她是十五的少女

可爱的布谷鸟

可爱的布谷鸟啊

你和我都没有

做一辈子神鸟的缘分

只能在松树的枝头上

空啼三声

那便是咱俩的缘分

可爱的心上人啊

你和我都没有

做一辈子夫妻的缘分

只能和外村人一起

说说笑笑

这便是咱俩的缘分

我这片多罗树叶

我这片多罗树①叶

夏天不长叶

冬天不落叶

我是无冬无夏的树叶

我这个贤父之女

不讨好前友

不惧怕谗言

我是情深义厚的女子

①多罗树：蒲葵，棕榈科植物。古代印度等处用多罗树叶
书写佛经，称贝叶经。

你的果实是否依旧

在拉卜楞寺院门口
你这枝千瓣白莲花
在三夏的酷暑面前
在三冬的严寒面前
你的果实是否依旧

美丽乡村的歌会上
你这位可爱的少女
在父母的训斥面前
在朋友的挑唆面前
你的决心是否依旧

我这头可爱的犏牤牛

你要是把

白松木的鞍子备给我

用紫色的皮条绳绑牢

我这头可爱的犏牤牛

说如磐的金子话有点大

驮其余的驮子绝不含糊

你要是给我

说上难忘的三句话

发下永不违背的誓言

我这个贤父的儿子

说来生来世话就有点大

做今世的伴侣绝没问题

你当雪白的纸张

你当雪白的纸张

我做卫藏的竹笔

意愿是金粉写的黄字

谗言是中原的朱砂

管他涂抹到哪里

写就的金字抹不掉

你当缎袍的面子

我做缎袍的里子

意愿是细密的针法

谗言是中原的钢针

管他钢针戳到哪里

套针缝就的线不会断

碧湖依旧如初

请天成湖湖心的

天成的六鳍金鱼

伸展开鱼鳍等待

碧湖依旧如初

清澈胜似从前

请天成乡间村的

天成的如意青年

笑呵呵说出三句话

我心依旧如初

痴心胜似从前

灰色城堡是片石砌的

灰色城堡是片石砌的

我不信片石就信你

相信你不会辜负我

我大恩的父母如米勒佛

不信别人就信你

相信你不会辜负我

布谷鸟又要飞回来

可爱的布谷鸟啊

你要是真想高飞

森林不一样也无妨

四五月的季节到了

布谷鸟又要飞回来

那时咱二鸟栖落的

也许就是同一棵树

如是就方便鸣叫

多情的美少女啊

你要是真想跟我好

村寨不同也无妨

转过身走在路上

咱俩有可能相遇

若相遇要说三句话

如是就方便交往

适合插入宝瓶的翎毛

适合插入宝瓶

圣水能渗入瓶底的

是这枚孔雀的翎毛

不见就会思念

相逢情深意长的

是你这位心爱的人

卫藏的殿堂是金子

卫藏的殿堂是金子
殿内的宝幢是缎子
缎子的图案不消退
忘不了那片金缎子

乡间是酥油的湖泊
姑娘是湖边的水鸟
直到他日鸟儿鸣叫
忘不了那个痴情郎

巴芒拉被匪兵围困时

巴芒拉被匪兵围困时

请把生命托付给青马

只托付于青马还不够

还要把布拉枪看护好

流言在村中沸扬时

请把名声托付给我

只托付名声还不够

还要把知心话记牢

沿着密林飞来吧

可爱的布谷鸟啊

沿着密林飞来吧

枝条细弱是不假

可绝无鸟儿

从枝头掉落过

可爱的心上人啊

沿着村边你来吧

我的村子虽小

可绝不把朋友

晾在家门口不管

猎人的子弹我来挡

山里的野牝鹿啊

请把我记住别忘

杀伤你的是猎人

猎人的子弹我来挡

乡村的美少女啊

请把我记住别忘

伤害你的是谗言

谗言的毒箭我来挡

要一支霹雳般的快枪

劫掠蒙古的马群时

要的是霹雳般的快枪

还有蛟龙一样的坐骑

有了这两件宝物

打劫蒙古马不费力

争抢心爱的美人时

要的是慈母般的心肠

还有父子一样的真情

有了这两样宝物

争抢心上人不费力

缝到袍边上继续走

说走咱就走

翻山越岭往前走

羔皮袍边子不会烂掉吧

要是羔皮袍边子烂了

我怀里有拉萨花毽毬

缝到袍边上继续走

说走咱就走

跋山涉水往前走

恶人他不会追来吧

假如恶人追上来

我怀里有前贤迷路经

念诵完经后继续走

要问爱慕哪一个

要问爱慕哪一个

我只爱慕白灵鹫

并非无鸟才爱慕

振翅一飞在天空

转眼间飞到了卫藏

所以说爱慕白灵鹫

要问爱慕哪一个

我只爱慕好男儿

并非无人才爱慕

容颜如十五皎月

知心话似尊者道歌

所以说爱慕好男儿

太阳是金子之网

太阳是金子之网

只因金子之网美丽

不愿它照亮山沟沟

皓齿整洁的朋友

只因皓齿整洁好看

不愿她和他过分亲昵

没下雪山岭泛白

没下雪山岭泛白的

是雄伟的玛积雪山

太阳虽从山顶照耀

却不动消融的心思

全凭雪山深处是冰川

这便是山岭泛白的缘由

没相处就有好感的

是勇猛男儿的魅力

歹人虽引向邪路

却不动分手的邪念

全凭勇猛男儿人品好

这便是永不分手的缘由

牝牦牛一样你坐着

对岸的铁链城堡里

牝牦牛一样你坐着

这边的翠绿草地上

幼犊一样我欢跳

既然不在同一个河谷

那就让我们

在同一眼泉里饮水

对岸的乡村老家里

父母亲一样你坐着

这边的同龄人中间

儿女一样我干活

既然今生无缘牵手

那就让我们

说说心里话诉衷肠

咱俩都没有缘分

可爱的布谷鸟啊

飞行时翼力强劲

鸣叫时声音悦耳

然而做一世的神鸟

咱俩都没有缘分

亲爱的意中人啊

外看你容貌出众

相识后志趣相投

可是做一世的夫妻

咱俩都没有缘分

我有个不该有的心愿

我有个不该有的心愿

脚踩乱石缝走过时

想拥有一双铁鞋

穿起脱下都方便

穿上后永远不烂

我想要这样一双鞋子

我有个不该有的心愿

在村寨和流言中间

想拥有一位伴侣

相识相恋都容易

相恋后永不分手

我想要这样一位伴侣

汉地的绸缎庄里

汉地的绸缎庄里

有三种不同的缎子

光品种多还不够

关键要成为美衣

乡间的情歌会上

有三个不同的情侣

光情侣多还不够

关键要好上一生

大滩小滩滩连滩

大滩小滩滩连滩

小滩被羊群围拢

不是被众羊所围拢

是被其中一只大羊所围

大村小村村连村

小村被别人围拢

不是被众人所围拢

是被其中一位情郎所围

在黄河以北的倒淌河

在黄河以北的倒淌河

我见过一头少见的犏牛

毛色花白黑脑壳

一对犄角似象牙

若能买到你这头犏牛

花大价钱我也不后悔

在下方的乡间村落里

我见过一个少见的朋友

身材高挑好比竹箭

容貌美如十五的皎月

若是能和她相处

说闲话我也不后悔

天空是铁打的锁子

天空是铁打的锁子

蟠龙是复杂的锁芯

只是不见锁内结构

要是看到锁内结构

我这把钥匙能开各种锁

乡村是铁打的锁子

情哥是复杂的锁芯

只是不懂情哥的心思

要是看懂情哥的心思

姑娘我和谁都好相处

金太阳阿桑如意宝

金太阳阿桑如意宝

巢中初升时亮堂堂

绕行巢边时慢悠悠

你虽绕巢边已沉落

太阳的温暖却永难忘

美少年阿桑如意宝

你出家门时笑呵呵

绕行村边时慢悠悠

你虽绕村边已离去

可咱俩的情义永难忘

哗叽的烟袋里面

哗叽的烟袋里面
没多少西宁烟丝
青烟袅袅抽上一口
哪有不惬意之理

朋友你我的口中
虽无悦耳的言辞
你若说动心的三句话
怎会有不和之理

夏琼寺的大殿里

夏琼寺的大殿里

有一百零一盏佛灯

一百盏灯是供给神灵的

那一盏灯是酥油长明灯

假如阴风不把它吹灭

那是盏千秋不灭的长明灯

六部落乡间村寨里

有一百零一位朋友

一百位是同龄的玩伴

还有一位是我一生的伴侣

假如谗言不制造障碍

那是我永不分手的伴侣

不知道何日再相逢

长着玉角的野牛啊

请舔净紫山的嫩草

离山岭越来越远了

不知道何日再相逢

情深意重的青年啊

请你牢记说过的话

离村寨越来越远了

不知道何日再相逢

高山岩石间的柏树

高山岩石间的柏树

可否把你当作抓手

你要是不能作抓手

赤岩山上我往何处去

乡间村寨的小美人

可否愿做我的爱人

你若不能做我的爱人

夜色茫茫我往何处去

高山垭口的鄂博

高山垭口的鄂博
后面是否有后山
如果后面没后山
垭口的鄂博我来祭

从远方来的年轻人
跟你好是否有顾虑
要是跟你好没顾虑
长久的情侣我来做

快枪是安全的保障

自从挎上枪的那天起

我不再顾忌性命

也并非全然不顾忌

只因快枪是安全的保障

这便是不顾忌的所在

和姑娘好上的那天起

我不再顾忌恶徒

也并非全然不顾忌

漫漫长夜之思是姑娘

这便是不顾忌的所在

金翅膀的白灵鹭

金翅膀的白灵鹭啊

你绕着红岩飞翔时

别让翼尖触碰山岩

若触碰山岩会伤翅

伤着翅膀正合百鸟意

却是伴侣心中的隐痛

情深意长的朋友啊

你独自走过乡间时

别随便相信他人言

信了就会忘记情谊

忘记情谊正合恶人意

却是咱俩心中的隐痛

遥远的深海海底

遥远的深海海底

并非无海螺可捞

只愿在西边的碧湖里

能捞到一枚右旋海螺

本村的同龄人当中

并非没有合意的人

只愿在他乡的人海中

能找到一位重情的人

阿泽山和达泽山

阿泽山和达泽山

达泽山上现彩虹

虹色彩齐全好美丽

只是和彩虹相距遥远

那是我心中的忧伤

阿泽村和达泽村

达泽村中交了个朋友

情投意合好幸福

只是和姑娘相距遥远

那是我心中的忧伤

龙每年只吟吼一次

在蓝天的顶层中

龙每年只吟吼一次

雨也每月只下一场

所以看不到如缎的草地

在乡间的底层中

朋友每年只能见一次

消息也每月只闻一次

所以才日思夜念重友情

在吉祥的高山草地上

在吉祥的高山草地上

有吉祥的青灰色良马

每每想起你的步伐

即便和其他马相遇

我也没兴趣骑它

在吉祥的村寨边上

有吉祥的心爱之人

每每想起你的情义

即便和其他人相遇

我也没兴趣相处

若奔跑的跑道笔直

可爱的良驹啊

没骑你心生仰慕

若奔跑的跑道笔直

舍不得取下辔头放你

可爱的朋友啊

没相处心生仰慕

若相处后志趣相投

再不愿和你分手

孔雀飞离黄河时

孔雀飞离黄河时

别再回头张望黄河

黄河就在你眼前

那是孔雀心底的眷恋

是不愿远飞的根由

姑娘离家远嫁时

别再回头望故乡

故乡就在你眼前

那是姑娘心中的牵挂

是不愿远嫁的根由

天上的百颗星星中

天上的百颗星星中

如果不是我的错觉

黎明时的启明星

比十五的月亮还亮

一百位朋友当中

如果不是我的错觉

我那心爱的美人

比兄弟姐妹还亲切

伍

阿尼甲宝的山顶上 ‧‧‧‧‧‧‧‧‧

你的缎子衣领间

蜜蜂飞绕了三圈

不思考不知道缘由

只要思考一下就知道

那是我把自己化作蜜蜂

周绕着你飞了三圈

白纸一样的平坝上

白纸一样的平坝上

黑字一样的良驹

凉辔头虽时松时紧

你的步伐可不能乱

融酥油般的乡间

天仙一样的姑娘

悦耳言虽时有时无

咱的情义可不能忘

仅仅接受了还不够

卫藏的辩经场上

你要是真心想念诵

挂着浮签的《般若经》

左面要放弃白纸经

右面要放弃红纸经

还要接纳我白纸经

仅仅接纳了还不够

关键要成为阴间的路引

乡村的情歌会上

你要是真心想和

心口一致的我相好

左面要放弃异心友

右面要放弃同心友

还要接纳青年我

仅仅接纳了还不够

关键要成为一生的伴侣

踏上卫藏的路时

踏上卫藏的路时

右绕朝圣的途中

得罪了天神天女

左绕转经的路上

惹恼了众多天童

唯独没有得罪的

是您这位尊上师

乡间的情歌会上

右绕行走的途中

得罪了厚恩父母

左绕徘徊的路上

惹恼了众多同龄

唯独没有得罪的

是你这位小姑娘

雌岩雕在石山上盘旋

雌岩雕在石山上盘旋

并不是因为石山美丽

只因心中放不下雏鸟

小伙子在村边上彳亍

并不是因为村庄可爱

只因心中放不下姑娘

阿尼申宝的山顶上

阿尼申宝的山顶上

出现了带图案的彩虹

不思考不知道缘由

只要思考一下就知道

那是我把思念化作彩虹

向你方出现了三次

你的缎子衣领间

蜜蜂飞绕了三圈

不思考不知道缘由

只要思考一下就知道

那是我把自己化作蜜蜂

围绕着你飞了三圈

蟒缎袍子的大襟

蟒缎袍子的大襟

一再被雨水淋湿过

只要甘雨不偏心

蟒缎袍永不褪色

在我雪白的心里

藏有三句悦耳之言

只要悦耳言可信

姑娘我永不变心

如果鞭子狠心抽过你

可爱的骏马啊

从前你在草原上

如今却在土匪手里

鞭子狠心抽过你吗

如果鞭子狠心抽过你

你就应该断然跑回来

这里有你喜欢的草原

可爱的姑娘啊

从前你在父母身边

如今你已经嫁了人

男人狠心骂过你吗

要是男人狠心骂过你

你就应该断然跑回来

这里有爱你的父母亲

我特意提到的

我特意提到的

是印度的玫瑰锦缎

没穿却心生羡慕的

是紫黑的七珍彩缎

我特意提到的

是知心的同龄姑娘

相处后心生爱慕的

是妙龄的可爱姑娘

深山里的野牛犊

深山里的野牛犊啊

在你的右犄角尖上

我特意打了个印记

若是个有良心的牛犊

请不要把印记抹掉

乡间的年轻朋友啊

在你纯洁的心房里

我说过三句难忘的话

若是个有良心的朋友

请不要忘了那三句话

金瓶似的白色山岭

金瓶似的白色山岭

山岭的主人我不熟

观察山岭的地貌

只觉得那是座神山

明眸皓齿的朋友

你的父母我不熟

观察你的言行

只觉得你是个可信之人

恶鹞在空中飞旋时

恶鹞在空中飞旋时

雏鸟在地上发抖

不用抖安心啄食

堵挡恶鹞有我

恶人从身后赶到时

姑娘在瑟瑟发抖

不用怕安心唱歌

堵挡恶人有我

姑娘你身如青竹

姑娘你身如青竹

竹生在博拉地方

博拉路途遥远

可六节青竹难忘

姑娘你皓齿如贝

贝生在南方海里

大海深不可测

可洁白贝螺难忘

我不是马群中的马

我不是马群中的马

虽然我形单影只

可我是甘加骠马的后裔

毛色虽不太好看

可跑起来步伐稳健

我不是人伙中的人

虽然我形单影只

可我是贤良人家的子孙

容貌虽不太出众

可相处后情深意长

我虽不是墙头经轮

我虽不是墙头经轮

可由于风向的缘故

向你方转起来顺当

我和你虽不是深交

可因为拉伊的缘故

我对你早有了爱慕

你这枝阳坡的鲜花

你这枝阳坡的鲜花
请坐在阳坡上别动
我虽不是金黄蜜蜂
也要绕你飞上三圈

你这位贤父的女儿
请信守许下的诺言
我虽不是慈舅之甥
也要给你说三句话

没吸烟之前请三思

没吸烟之前请三思

没点烟之前请再思

一旦吸烟上了瘾

你要戒烟是妄想

没开口之前请三思

没相恋之前请再思

一旦相处动真情

你想分手是妄想

变化多端的长枪

变化多端的长枪啊

硫黄枪药若不变质

我湟源的火镰如电

如电的火镰从不生变

来自远方的朋友啊

说过的话若不生变

本姑娘的话如顽石

坚硬的石头从不生变

我腰间的子弹袋里

我腰间的子弹袋里

"三八"式子弹没几粒

子弹不多不打别的

要打就打六月的鹿

我雪白的心房里面

悦耳之言只有几句

这几句不给他人说

要说就说给姑娘你

白灵鹫是远方来客

白灵鹫是远方来客

赤山岩是途中驿站

若途中的驿站不变

我远方来客不会变

青年我是远方来客

姑娘你是途中驿站

若途中的驿站不变

我远方来客不会变

我这棵檀香树

我这棵檀香树

不会被酷暑晒死

也不会被严寒冻死

若没有断钢的利斧

我是千秋不枯的树木

我这位贤父之子

不惧怕闲言碎语

父母阻拦也拦不住

若没有死主阎罗王

我是永世不变的情侣

我沿着山道行走时

我沿着山道行走时
许多好看的花全忘了
唯独没忘的是赛钦花
只因你是名贵的山花

我沿着村寨远行时
许多朋友我全忘了
唯独没忘的就是你
只因你为人情义重

在那东山顶上

在那东山顶上

升起了皎洁的月亮

那不是皎洁的月亮

而是我发小的面容

蓝天的云层中间

响起了神鸟的啼叫

那不是神鸟的啼叫

而是我发小的笑声

当黑云疏忽大意时

金黄的太阳啊

高山顶上慢悠悠

蓝天中央明又亮

黑云虽挡住照耀的路

当黑云疏忽大意时

这中间要在云缝里照亮

天仙似的美人啊

你在乡间慢悠悠

同龄中你歌声悦耳

歹人虽然控制了你

当歹人放松警惕时

这中间就要和朋友相会

跑起来却赛过野骡

众多马匹当中

良驹与众马不同

虽说是滩上的普通马

跑起来却赛过野骡

俯首看乡间村中

意中人与众不同

虽说是外村一寻常人

相处后却爱如心肝

三山顶上的锦葵花

三山顶上的锦葵花

三沟交汇处的莲花

虽然生长的地方不同

却在佛前的供桌上相逢

乡间大村寨的姑娘

田间小村里的小伙

虽然生长的地方不同

却在四方的庄廓里共处

山泉水清澈如晶

深山里的野牦牛啊

你想喝山泉水吗

你若是想喝山泉水

山泉水清澈如晶

不愿流向他方

乡村中的美少女啊

想和小伙我好吗

你要是想跟我好

我这个贤父之子

永世不违你愿

小山你如此圆满

宝瓶似的小山

外被紫山包围着

内有山泉汩汩流淌

中间有小树作装点

山脚下被红柳覆盖

小山你如此圆满

对此我心生爱慕

鲜花似的姑娘

外被同龄围拢着

内有父母作教诲

身上有白璁玉作饰

干活的本领样样全

姑娘你如此圆满

对此我心生爱慕

山泉好比白色乳汁

山泉好比白色乳汁

河面的冰好比酥油

没能喝上难忘怀

此番我可否喝一口

姑娘好比山上的花

恩爱好比绵绵丝线

没能相恋难忘怀

此番我可否和你相恋

杜鹃鸟在印度鸣叫

杜鹃鸟在印度鸣叫

鸟儿我在密林中倾听

身边虽然也有同类鸟

心却飞向了遥远的印度

姑娘在乡间唱情歌

青年我在村寨边倾听

身边尽管也有不少人

心却飞向了重情的姑娘

若想走不需要骏马

若想走不需要骏马

两条腿胜过骏马

跑起来不知疲倦

若相恋不需要媒人

三句话胜过媒人

相恋后永不分手

巍峨的宗喀吉日山

巍峨的宗喀吉日山
若想登顶也能登上
只是不愿践踏神山

乡村里的美姑娘
想跟你好也能好上
只是不愿招惹闲言

黄河水不愿流淌

向下远望黄河岸边

孔雀在姗姗走动

伸展双翅缓缓开了屏

你若是真心开的屏

黄河水不愿流淌

本乡本土的村中

姑娘在缓步走动

轻声细语说了三句话

你若说的是真心话

青年我愿留此乡

高高的蓝天上面

高高的蓝天上面

弱弱地响了个雷声

降雨的云层愈发薄了

雷鸣的距离愈发远了

湖泊般的乡村里

你弱弱地唱了首拉伊

说话的声音愈发弱了

相会的次数愈发少了

想起汉家果园里

想起汉家果园里

香甜又漂亮的苹果

真想花钱买来尝尝

可想想皇上的法令

不敢偷偷看上一眼

想起乡间村寨里

温柔又漂亮的姑娘

真想静心和她对唱

可想想恶人的凶狠

不敢和她说三句话

美丽的白喙雌岩雕

美丽的白喙雌岩雕

上午在赤岩上空盘旋

下午在蓝天中央飞翔

请把雏鸟记在心里

轻展双翼缓缓飞

戴着耳饰的美姑娘

上午你在父母身边坐

下午徜徉于乡村歌会

请把青年我记心里

回味情谊缓缓行

只因为生神善良

只因为生神①善良

煨桑的山顶虽然很高

我还是要煨上三次桑

还要特意插上三杆箭

只因为朋友善良

尽管父母亲百般劝阻

我还是要说上三句话

要和你相伴白头偕老

①生神：俗谓各人生日的值日神或出生地方的土地神。

孔雀翎和莲花木

孔雀翎和莲花木

生长的地方各不同

今天在宝瓶口相遇

前世有缘就这么巧

姑娘你和青年我

生长的地方各不同

今天在歌会上相遇

前世有缘就这么巧

檀香木是林中神木

檀香木是林中神木

树上的果实美似珊瑚

想摘却不敢伸手

放弃又感到遗憾

乡村似融化的酥油

青年好比塑就的佛像

想好却不敢开口

放下又觉得难舍

我头上这顶狐皮帽

我头上这顶狐皮帽

是三个小伙子打的

是三个女人缝制的

你要是真心想戴

我诚心脱下让你戴

我手指上这枚戒指

是三个银匠打的

花三两金子买的

你要是真心想戴

我诚心取下让你戴

唯独没忘的是蟒缎衣

穿过的衣服全忘了

唯独没忘的是蟒缎衣

外看袍面子图案鲜艳

穿在身上柔软又舒适

这便是忘不掉的缘由

相处过的朋友全忘了

唯独没忘的是姑娘你

外看容貌美若天仙

相处之后难舍难分

这便是忘不掉的缘由

骏马的脊背上

骏马的脊背上

有百两黄金的马鞍

快如疾风的腿间

有三岔马绊的羁绊

虽然马绊影响奔跑

可步伐不可以紊乱

慈舅外甥女的嘴里

有可信的悦耳话语

话语和谗言之间

有家中丈夫的凶狠

虽然凶狠影响你我

可说过的话不能忘记

村寨是白色的鹿角

村寨是白色的鹿角

部落是野牛的紫角

咱俩好比一对羚羊角

但愿别拆散羚羊角

假如有人拆散羚羊角

长枪是阎罗的鬼卒

沿着高山离开此地

村寨是白银的宝瓶

部落是瓶中的圣水

咱俩好比孔雀的翎毛

但愿不要动这片孔雀翎

假如有人动了孔雀翎

谗言是河面结的冰

挑僻静地带离开此地

你的话是否可信

你的话是否可信

要是你的话可信

我的庄园是座城堡

我不信别人信你

你的话是否可信

要是你的话可信

我的父母是尊神仙

我不信神仙信你

天上有一条龙

天上有一条龙

大地上有一朵花

龙和花两者有缘

虽然有缘却相距遥远

假如蓝天是真心

绕过云层就能相逢

村里有位姑娘

寨外有一位青年

这两人天生有缘

虽然有缘却相距遥远

假如姑娘是真心

走僻静处就能相逢

众马在草滩汇聚时

众马在草滩汇聚时

你假装不想骑马

我佯作不愿备鞍

待到众马散场时

芦荡湾边你等我

跨越草坪我会你

同龄在乡间汇聚时

你假装不想搭理

我佯作不愿开口

待到众人散场时

村外静处你等我

绕过村寨我会你

卫藏的圣地拉萨

卫藏的圣地拉萨

向上看是九层寺院

向下看是三层楼宇

朝圣眼下正当时

来年的这个季节

权落到管家手里

朝圣怕没那么容易

如湖的村寨里面

向上看是大恩父母

向下看是同龄朋友

郊游现在正当时

来年的这个时候

若是我已然嫁人

郊游怕没那么容易

你是山上的牝鹿

你是山上的牝鹿

我是山下的牡鹿

上午同饮山泉水

下午共食山中草

当枪声响起的时候

看不到牡鹿的踪迹

你是本乡的姑娘

我是外地的青年

上午同行于街市

下午共话相思情

当听到恶男声音时

看不到青年的踪影

想戴狐皮帽的人们

想戴狐皮帽的人们

红狐狸在赤岩台上

背上枪咱去打狐狸

打它肯定罪孽轻不了

念诵嘛呢就不要紧

想见美女的小伙们

美女在乡间村寨里

备上悦耳言找美女

流言蜚语肯定少不了

讲究策略就不要紧

红岩上的鸟巢里

红岩上的鸟巢里

有无数的灵鹫

灵鹫虽多我没记住

密林中的杜鹃

心中无法忘怀

乡间的情歌会上

有无数的同龄

同龄虽多我没记住

重情的美少女

心中无法忘怀

若不是四月的恩典

可爱的布谷鸟啊

在我雪白的心中

把你当作一只神鸟

若不是四月的恩典

无缘听到你的鸣啼

可爱的心上人啊

在我雪白的心中

你的分量胜过爱人

若不是歌会的恩典

无缘见到你的芳容

陆

没有你，………… 我分不清冬夏

鲜花似的姑娘啊

没有你，我度日如年

并非没有其他朋友

只是不愿被他人骚扰

在那金山山顶上

在那金山山顶上

我偷偷煨了个桑

还没有祈祷之前

天空已满是桑烟

被许多天童所发觉

请不要伤心抱怨

我不再偷偷煨桑

在那金山山脚下

我秘密交了个友

还没有相处之前

流言已沸沸扬扬

被那个情敌所发觉

请不要伤心嫉恨

我不再秘密交友

拉萨远在天边

拉萨远在天边

烟瘴是途中死敌

倘若没有烟瘴

我定会晨叩暮拜

村寨近在眼前

谗言是爱的死敌

倘若不生谗言

我定会朝约暮访

太阳从垭口升起时

太阳从垭口升起时

皎月是心中的眷恋

假如心中无可眷恋

太阳可以从容升起

青年我游走异乡时

姑娘是心中的牵挂

假如心中无可牵挂

我就可以专心游走

草滩上不要久留

心爱的骏马啊

草滩上不要久留

我本无意出此言

只因青草会泛黄

深秋草叶枯萎时

骏马就会生忧愁

所以我说别久留

心爱的姑娘啊

父母身边别久留

我本无意出此言

只因父母会变老

兄弟姊妹长大时

姑娘你会生忧愁

所以我说别久留

布谷鸟儿年轻时

布谷鸟儿年轻时

飞落的地方是密林

如今我无法飞落

全赖那荆棘刺丛

想想咱鸟儿的恩爱

刺丛想挡也挡不住

老汉我年轻之时

心上的人是姑娘你

如今难见姑娘面

全赖那闲言碎语

想一想咱俩的恩爱

流言肆虐我也不怕

白璁在赤岩台上

白璁在赤岩台上

不破坏赤岩取不到

如果破坏了赤岩

岩雕可能会不乐意

管他乐意不乐意

拿到白璁才是正事

重情的人在外村

不捎封口信难相遇

捎封口信就能见

朋友可能会不乐意

管他乐意不乐意

见到姑娘才是正事

草原上的野花

草原上的野花

绚烂开放时好幸福

虽幸福却有不少担忧

当七月份立秋之后

担心花籽是否会掉落

乡间的可爱女子

同龄欢聚时好幸福

虽幸福却有不少担忧

当遭到父母责骂时

担心你是否要和我分手

请转告龙纹缎袍子

请转告龙纹缎袍子

并不是我不愿穿

一旦穿在了身上

三夏要经得起雨淋

三冬要抵得住严寒

你可不许说我不行

请转告乡间美人

并非我不愿跟你好

一旦和我相爱后

要经得起谗言离间

哪怕姐妹也得舍弃

你可不许说我不能

雪山你的确很洁白

雪山你的确很洁白

可你白得有点奇怪

当太阳当空照耀时

你的洁白是否不变

朋友你的确很直率

可你直率得有点怪

当流言蜚语横行时

你的直率是否不变

三山顶上的野花

三山顶上的野花

你盛开之时真鲜艳

可是你主人太多

当山上被大雪覆盖时

花儿你能否保持自立

乡间村寨的朋友

说笑着玩时好幸福

可是追求者太多

当闲言碎语袭来时

你能否保证心不变

西宁的公园里面

西宁的公园里面
有千朵万朵鲜花
可我并不欣赏那些花
只欣赏其中那朵白莲
只因栽花的园丁太凶
没敢贸然伸手摘花

俯首看乡间村寨里
有成百上千的朋友
可我并不看重那些人
只看重其中的姑娘你
只因今天人多觜又杂
没敢贸然和你说话

登上最高的山峰

登上最高的山峰

就能看到最美的树

那一棵白松神木

是被米勒佛加持过的树木

乡间的情歌会上

能见到许多美姑娘

多情的知心姑娘

是我日思夜想的梦中情人

没有你，我分不清冬夏

可爱的布谷鸟啊

没有你，我分不清冬夏

并非没有其他鸟儿

只是不愿听其他鸟鸣

鲜花似的姑娘啊

没有你，我度日如年

并非没有其他朋友

只是不愿被他人骚扰

天地间除了太阳外

天地间除了太阳外

能给人带来温暖的

是柔软的羔皮衣服

当三冬的严寒袭来时

能否不让我挨冻

就全指望羔皮衣了

除了厚恩父母外

真心疼我爱我的

是青梅竹马的姑娘

当我远走他乡时

能否不让我悲伤

就全指望姑娘你了

蓝天像蓝色织锦缎

蓝天像蓝色织锦缎

留守的蓝天缓慢

远行的太阳匆忙

虽然匆忙却不痛苦

过不了多少时日

太阳会重新升起

当太阳重新照耀时

大地将充满阳光

姑娘似山中雪莲花

留守的姑娘缓慢

远行的阿哥匆忙

虽然匆忙却不痛苦

过不了多少时日

阿哥我回来看你

当我们俩相爱之时

情义比原先还真

白云搭了个帐幕

太阳从巢中升起时

白云搭了个帐幕

红云聚集成海洋

太阳温暖了大地

那片黑心的乌云

遮住了太阳的光芒

青年从村中出发时

姑娘我搭了个帐幕

同龄聚集成海洋

你和我心心相印

伤人的闲言碎语

戕害了真挚的爱情

我走过山岭的时候

我走过山岭的时候

在山中心生忧伤

并非山中没清泉

喝不到清清黄河水

喝山泉并不解渴

我走过山乡的时候

在村边心生忧伤

并非身边没朋友

见不着我心爱的人

朋友虽多心也凉

那红扑扑的苹果

想起汉家果园里

那红扑扑的苹果

不由得连连哀叹

被刺扎伤的情景

如阴影心中抹不去

想起乡间歌会上

你和我一见钟情

禁不住连连哀叹

遭人威胁的情景

如阴影心中抹不去

妙高山被大雪覆盖

妙高山被大雪覆盖

对此并不感到悲伤

看不到野牝牦的踪影

听不见野牛犊的叫声

对此我伤心不已

要去的地方是边地

对此并不感到悲伤

看不到姑娘的身影

听不见朋友的消息

对此我伤心不已

当年在同一个密林时

可爱的布谷鸟啊

当年在同一个密林时

因觉得远而伤心过

可如今不但看不到

就连啼音也听不到

想起来伤心又难过

可爱的美少女啊

当年在同一个村寨时

因觉得远而伤心过

可如今不但看不到你

连说句话也成奢望

想起来伤心又难过

岩雕在石山上空盘旋

岩雕在石山上空盘旋

并不是因为思念红岩

而是为了看一眼雌岩雕

只是在红岩的上空

盘旋飞落的时候

希望能看到雌岩雕的身影

青年我在乡间游荡

并不是因为思念村寨

而是为了看一眼意中人

只是在乡间村寨里

串门游荡的时候

希望能看到心上人的芳容

看到宽广的草滩时

看到宽广的草滩时

想起了绿鬃的野骡

走过那漫漫长路时

看不到野骡心发凉

看到广袤的乡间时

想起了温柔的姑娘

走过外乡的村边时

看不到姑娘心发凉

白灵鹫听不懂人话

白灵鹫听不懂人话

假如白灵鹫懂人话

愿在右边的翼尖上

写上青年我的名字

把它捎给姑娘你

没法给蓝天架天梯

若能给蓝天架天梯

我愿用一副望远镜

目不转睛地向远方

深情凝望姑娘你

曾为没有华衣而伤心

曾为没有华衣而伤心

想想有啥好伤心的

三沟的狐狸没美衣

比它好看的能有谁

曾为没有情侣而伤心

想想有啥好伤心的

寺里的尼姑没情侣

比他舒坦的能有谁

你真的是红珊瑚吗

你真的是红珊瑚吗

如果你真是红珊瑚

请在拉萨街头等我

博巴我虽不是富商

也不会丢下你不管

你真是贤父之女吗

你若真是贤父之女

请你在歌会上等我

我虽不是慈舅之甥

也不会丢下你不管

不因山高而忧伤

不因山高而忧伤

而是为山矮而忧伤

矮山被厚云迷雾笼罩

云雾久久不散更忧伤

不因没情侣而忧伤

而是为有情侣而忧伤

虽有情侣却相距遥远

见不到情侣面更忧伤

姑娘和我

姑娘和我

在峭壁上架个天梯

由我来筹划架天梯

你可要保证天梯不倒

姑娘和我

要在情歌会上牵手

流言蜚语我来对付

你可要保证永不分手

马在同龄马群中

马在同龄马群中
我的马却在流氓手中
紧勒嚼子用鞭子狠抽
那是流氓歹人之所愿
却是马主人心头之痛

妹在同龄人中间
心上人却在恶棍身边
整日默默埋头干苦活
那是下流恶棍之所愿
却是我心头之痛

大滩上看到小滩时

大滩上看到小滩时
禁不住思念阿柔青马
在环环相连的草地间
缓缓跑动的身影
仿佛浮现在眼前

大村里看到小村时
禁不住思念幼时姑娘
在相识的同龄人中间
笑嘻嘻玩闹的样子
仿佛浮现在眼前

布谷鸟离去的那天起

布谷鸟离去的那天起

檀香密林中我不开心

树上的果子也不香甜

思念折磨我难度日

意中人离去的那天起

同龄朋友中我不开心

美味佳肴也不觉香甜

思念烦扰我难度日

蒙古人的牧场里

蒙古人的牧场里

有青灰和枣骝两匹马

青灰马已和野骡为伍

对此我丝毫不惋惜

枣骝马的步伐乱了

对此我忧心忡忡

六部落的村寨里

有异心和同心两姑娘

异心已离我而去了

对此我毫不惋惜

和同心发生误会

对此我懊悔万分

每当高山上起雾时

每当高山上起雾时

禁不住思念野牦牛

野牦牛成不了家畜

是今生的一大忧伤

只要咱野牛心肠正

没成为家畜也无妨

看到下方的村落时

忍不住思念意中人

和你没能成一家人

是今生的一桩憾事

只要咱们俩情意投

没成为一家也无妨

青海湖是右旋的海螺

青海湖是右旋的海螺

湖中有尊贵的白天鹅

从湖外看看不见天鹅

呼唤天鹅天鹅听不到

可天鹅的倩影永难忘

门上有经幡的紫帐篷

帐篷的四角供着银塔

帐内有我心仪的姑娘

从外面看看不见姑娘

呼唤姑娘姑娘听不到

可姑娘的芳容永难忘

白云的宝瓶里面

白云的宝瓶里面

响起了三声雷鸣

这不是因为快乐而鸣

而是因为离碧湖太远

无法和金鱼相见

心中充满忧伤才鸣的

下方的乡间村里

姑娘说的那三句话

不是因为开心而说

而是因为相距太遥远

无法和情哥相见

心中充满忧伤才说的

金黄色的太阳

金黄色的太阳

照在身上暖洋洋

当太阳沉落西山

一时间定会挨冻

重情义的姑娘

在一起时喜洋洋

当远嫁他乡之后

我必定日夜思念

清澈的黄河水

清澈的黄河水

是孔雀眷恋之水

金色的孔雀翎毛

是宝瓶上的庄严

当孔雀各自飞去时

翎毛是心中的忧伤

辽阔的大乡间

是情侣眷恋之地

如皎月的美丽容颜

是所有同龄的骄傲

当众人四散离去时

思念是心中的忧伤

在那热贡金色谷地

在那热贡金色谷地

还有我没割完的麦田

那是我心中的遗憾

这遗憾无法消散

人山人海的情歌会上

咱俩还没唱到尽兴

那是我心中的遗憾

这遗憾无法消散

没见骏马的那几天

没见骏马的那几天

没有一天不提起你

如果你还有点不信

我敢向明月起誓

没见情侣的那几天

没有一天不想起你

如果你还有点不信

我敢向太阳起誓

临别时甭食离别草

可爱的骏马啊

临别时甭食离别草

若临别时吃了离别草

不但对长膘无益

反而对步伐有害

心爱的朋友啊

临别时甭诉苦情

若临别时所说苦情

不但对相见无益

反而对双方有害

布谷鸟北飞的时候

布谷鸟北飞的时候

心中眷恋着画眉鸟

不要徘徊，布谷鸟你飞吧

请告诉我返回的日子

密林深处我瞭望

树叶缝里我等待

意中人远行的时候

心中眷恋着幼时姑娘

不要留恋，意中人你走吧

请告诉我返回的日子

无边乡间我瞭望

同龄人中我等待

拉卜楞寺以下

拉卜楞寺以下

贡保洞石山以上

今生没什么不舍

唯独缎制大佛难舍

非凡的护佑难忘

恩重的父母以下

同龄的朋友以上

今生没什么不舍

唯独幼时姑娘难舍

淳朴的友情难忘

请转告我的犏牛

请转告我的犏牛

在状如镰刀的山岭上

出门时不要走在前面

因为片石的山路狭窄

返回时不要落在最后

因为狼群出没无常

请转告我的姑娘

在圆环一样的乡村里

出门时不要走在前面

因为乡村里人言可畏

返回时不要落在最后

因为恶人会欺侮你

你是游弋湖头的红鸭

你是游弋湖头的红鸭

我是绕游湖边的灰鸭

约定在青海湖中见面

假如波涛汹涌难相见

不论是谁都不许难过

你是伫立村口的姑娘

我是浪迹天涯的青年

约定在情歌会上见面

要是恶男骚扰难相见

不论是谁都不许难过

宝镜似的湖畔

宝镜似的湖畔

众鸟在一起时多幸福

鸟儿飞散时心忧伤

不必忧伤鸿雁等着我

咱同在一泓碧湖中

哪有不相逢的道理

乡间的村寨里

朋友们在一起时好开心

朋友离散时心忧伤

不必忧伤姑娘等着我

咱同在一个村落中

哪有不相逢的道理

蟠龙漫游云边时

蟠龙漫游云边时

不要为我离去而忧伤

因为来年的此时此刻

蟠龙我还要回来

我到达后会吟吼三声

青年远走他乡时

不要为我的离去而忧伤

因为来年的此时此刻

青年我还要回来

我回来后还和你对歌

套着金辔头的棕骡

套着金辔头的棕骡

驮着佛经奔赴西藏

漫漫羌塘途中回头望

负载远行是你前世命

明眸皓齿的美男子

带着忧伤回到家中

在自家屋顶翘首远望

离别是青年的前世命

请把我牢记在心中

可爱的雌岩雕啊

你飞翔在蓝天上时

请把我牢记在心中

我所处的红岩台上

我保证不会忘记你

可爱的意中人啊

你外嫁的村寨边上

请把我牢记在心中

我所处的乡间村里

我保证不会忘记你

白松柏的树梢上

白松柏的树梢上

白璁玉似的杜鹃

闲暇时要啼叫三声

当山林被霜浸染时

我也理解你难啼叫

臃仲般的村寨里

天仙似的心上人

闲暇时要说三句话

当离家远行的时候

我也理解你难开口

别为山高而苦恼

可爱的野牛犊啊

别为山高而苦恼

山顶上满是青草

绕着山边有清泉

咱自有相逢的办法

远方的意中人啊

别为路远而苦恼

路途虽远有良驹

土匪虽凶有快枪

咱自有相逢的办法

思念折磨我度日难

可爱的布谷鸟啊

你有不飞的法子吗

若没有不飞的法子

森林再茂密我也不开心

野果虽多也不觉香甜

思念折磨我度日难

重情的心上人啊

你有不离的法子吗

若没有不离的法子

父母再慈祥我也不开心

朋友虽好我也没兴致

思念折磨我度日难

后 记

　　世代繁衍生息在青藏高原的藏族人民，在千百年来的漫长岁月中创造了独具特色的雪域高原文化，安多藏族拉伊（情歌）就是盛开在这棵文化大树上的一朵奇葩。

　　拉伊脱胎于藏族山歌，是流传在青海、甘肃、四川等广大安多藏区的一种专门表现爱情内容的山歌艺术。每逢重要节庆活动、婚嫁庆典等场合，拉伊爱好者们便不约而同自发聚集在一起对唱拉伊，互相表达心中的爱意，寻找爱的归宿。拉伊作为一项重要的藏民族文化的传承载体，既有流传区域上的广泛性，又有表现形式上的区域性和多样性；既有传统演唱艺术的继承性，又有触景生情的即兴性和创造性。因而，拉伊是千百年来藏民族丰厚文化积淀和社会集体与个人智慧的艺术结晶，是藏族人民抒情达意、追求爱和美的重要艺术手段。

此次译成汉文的这 300 首安多藏族拉伊，绝大部分是从青海人民（民族）出版社于 1981 年 6 月出版发行的《藏族拉伊·牵引青年之钩》（书名简称《拉伊》）（藏文版）一书中选译的。这 300 首安多拉伊，基本上涉及了拉伊的所有类型，大体上能够反映出安多拉伊的整体面目。在翻译过程中，对个别不得不用音译来处理的词汇，以及对藏族文化接触不多的读者容易感到陌生的词汇作了必要的注解。然而有些歌词却没那么简单，原词中的许多优美词句，虽然我在翻译时搜肠刮肚几经修饰，却总是难以把它原汁原味地表达出来，留下了诸多遗憾，还望方家见谅赐教。

早在去年 4 月份，就有久美多杰和多吉仁丹二位翻译家翻译的《心上的天籁》一书问世；之后翻译家汪什代亥·索南达杰先生翻译的《安多拉伊》也由青海人民出版社出版。翻译安多藏族民歌（酒曲和拉伊）的酸甜苦辣，久美多杰和汪什代亥·索南达杰在各自译作的《后记》（《跋》）中作了相当精彩的描述。由于本人才疏学浅，词不达意，在此就免作鹦鹉学舌之功。

在本书的翻译过程中，年逾古稀的原青海日报社社长赵得录先生欣然为本书作序；省社科院的藏学专家才项多杰先生及时为我整理、提供相关资料；著名翻译家久美多杰先生在百忙之中对全书修改润色；相濡以沫的妻子肉先措不顾体弱多病，毫无怨言地每天按时为我做好可口的饭菜。他们的大恩我没齿难忘，借此机会向他们致以最诚挚的谢意！同时，我还要衷心感谢青海人民出版社给我提供了这样一个平台，使我有了翻译安多藏族民歌的机会。由于水平所限，书中难免存在瑕疵甚至错讹之处，在此诚恳希望专家和读者提出宝贵意见。

角·华青加

2017 年 6 月 27 日